AI와 선거

인공지능총서

인공지능 시대입니다. 기계가 인간의 인지를 대신하고, 사물이 인간을 통하지 않고 다른 사물과 직접 커뮤니케이션합니다. 이에 따른 인간 삶과 문명 변화를 정확히 이해·예측·대응하는 것은 이 시대 우리 모두의 과제입니다. 인공지능총서는 인공지능 기술과 환경의 여러 주제를 10가지 키워드로 정리합니다. 관련 개념과 이론, 학계와 산업계의 쟁점, 우리 일상의 변화를 다룹니다. 인간과 기술의 현재, 미래를 세심히 분석합니다.

일러두기

- 인명, 작품명, 저서명, 개념어 등은 한글과 함께 괄호 안에 해당 국가의 원어를 병기했습니다.
- 외래어 표기는 현행 어문규정의 외래어표기법을 따랐습니다.

처음이세요?

전문가세요?

AI와 선거

조원용

대한민국, 서울, 커뮤니케이션북스, 2025

AI와 선거

지은이 조원용
펴낸이 박영률

초판 1쇄 펴낸날 2025년 8월 29일

커뮤니케이션북스(주)
출판 등록 2007년 8월 17일 제313-2007-000166호
02880 서울시 성북구 성북로 5-11
전화(02) 7474 001, 팩스(02) 736 5047
commbooks@commbooks.com
www.commbooks.com

ISBN 979-11-430-0756-8 03500

책값은 뒤표지에 표시되어 있습니다.

차례

공직 선거에서 AI, 축복인가 저주인가 xi

01 선거는 왜 하는가? 1

02 대의제와 직접 민주주의 13

03 AI와 정당 21

04 AI와 후보자 31

05 개인 정체성과 후보자 정체성 43

06 공직 선거에서 딥페이크 악용 사례 51

07 공직 선거에서 딥페이크 악용 방지 방안 67

08 AI와 선거 관리 79

09 AI와 외국의 선거 개입 91

10 선거 후 대의제에서 AI 역할 103

공직 선거에서 AI, 축복인가 저주인가

우리는 오랫동안 선거를 민주주의의 상징처럼 여겨 왔다. 공직자를 뽑고, 권력을 위임하며, 정책의 방향을 정하는 일련의 절차를 통해 인간은 스스로를 정치적 존재로 선언해 왔다. 그러나 이 선거라는 제도는 인류가 고안한 유일한 정치 메커니즘이 아니며, 최상의 제도도 아니다. 선거는 역사적 산물이며, 여러 가능성 중 하나의 제도이고 도구일 뿐이다. 우리는 선거를 통해 사회적 갈등을 조정하고 정치적 대표를 선출해 왔지만, 그것이 절대적인 방식으로 고정된 적은 없었다.

이 책은 선거 제도 자체를 문제시하거나 부정하려는 것이 아니라, 선거가 유일하지 않으며 더 나은 방식이 존재할 수 있다는 열린 시각에서 출발한다. 그리고 그 전제 위에서 현행 선거 제도가 인공지능이라는 새로운 기술과 마주칠 때 어떤 구조적 재편과 개념적 전환을 겪고 있는지를 깊고 넓게 탐색하려 한다.

AI(Artificial Intelligence, 인공지능)가 등장하면서 인간의 인지와 판단, 심지어 기억과 욕망마저 기술의 대상이 되었다. 감정은 분석되고, 표정은 계산되며, 말은 조합되고, 선택은 예측된다. 정치의 핵심이던 설득과 공감, 비전과 논쟁이 더는 인간만의 것이 아니게 될 때, 우리는 묻지 않을 수 없다. 우리가 자유롭게 생각하고 판단한다고 믿는 그 순간조차도, 어쩌면 보이지 않는 알고리즘이 판단을 미리 설계해 놓은 것이라면? 스스로 자유롭다고 느끼는 것이 사실은 누군가에 의해 연출된 착각이라면? 그리고 그 누군가가 더 이상 사람이 아니라 AI라면 그것은 단지 기술의 문제가 아니라 인간 본질의 문제가 된다. 인간의 자유는 여전히 존재하는가? 우리가 하는 선택은 여전히 우리의 것인가? 그 의심이 시작되는 순간, 우리는 전혀 다른 정치의 문 앞에 서게 된다.

정당은 이제 데이터를 먹고 자라며, 유권자의 감정을 실시간으로 탐지한다. 후원 메시지는 AI가 쓰고, 공약은 알고리즘이 생성하며, 표정과 말투는 딥페이크(deep fake)가 대체한다. 후보자는 직접 말하지 않아도, 유권자를 더 이상 직접 만나지 않아도 된다. 오히려 '직접성'은 기술 앞에 불편이 되고, '인간다움'은 비인간적 전략 앞에 비효율이 된다.

변화는 지금도 진행 중이다. 선거는 더 정교하고 효율적으로 작동하지만 그만큼 더 조용히, 더 깊이 민주주의를 내부에서 갉아먹고 있다. 사람은 여전히 투표소에 가지만 판단은 이미 AI에 의해 구성되고, 의식은 이미지와 데이터에 의해 조율된다. 선거라는 외양의 껍데기는 그대로지만 그 속은 전혀 다른 무엇이 되어 가고 있다.

그러나 이 책은 단지 AI를 경계하는 책이 아니다. 오히려 그 반대다. 기술을 단죄하기보다 기술이 우리의 제도를 어떻게 재구성하는지, 그리고 그 변화 속에서 우리가 무엇을 잃고 있는지를 추적하고자 한다. 선거는 왜 필요한가? 우리는 언제부터 그것을 당연시해 왔고, 무엇 때문에 그것을 신성시하게 되었는지에 대한 물음부터 시작한다.

대표를 뽑는 방식은 선거만이 전부는 아니다. 과거 아테네의 시민들은 추첨을 통해 공직자를 선출했다. 평등과 참여의 이상을 제도화하기 위해 인간은 추첨 기계까지 발명했다. 추첨은 분열보다 수용을 낳았고, 승자 없는 대표를 만들어 냈다. 선거는 그보다 훨씬 늦게 등장했고, 갈등과 경쟁, 집중과 비대칭을 제도화했다.

대의제는 대표자의 자율성을 통해 공공의 이익을 추구하고, 직접 민주주의는 시민의 의사를 있는 그대로 반영한다. 둘은 목적이 다르고, 철학이 다르며, 위임의 방식조차 다르다. AI는 민주 공화국 대표자 선출의 유일한 제도인 선거에 침투하고 있다.

정당과 후보자는 AI를 통해 전례 없는 기회를 얻는다. 유권자를 정밀하게 공략할 수 있고, 선거 전략을 과학적으로 최적화할 수 있다. 그러나 그만큼 유권자의 판단은 기술이 설계한 프레임 안에 갇히고, 정치는 점점 더 조작된 정서의 흐름 위에서 떠다니게 된다. 말과 이미지, 기억과 기록이 조작되는 순간, 우리는 더 이상 '누가 말했는가' 혹은 '어떤 말을 했는가'보다 '어떻게 보였는가'로 판단하게 된다.

개인의 정체성, 후보자의 정체성, 그 모든 것은 복제 가능하고 조작 가능한 데이터로 전락한다. 철학자들이 오래도록 고민해 온 '자기 동일성'이라는 문제조차 이제는 알고리즘의 오류 안에서 무너진다. 존 로크(John Locke)가 말했던 기억, 토머스 리드(Thomas Reid)가 말했던 신체의 분할 불가능성은 AI 앞에서 너무나 쉽게 조롱당한다.

하지만 더 깊이 들여다보면 우리가 지켜야 하는 것은 단순히 선거가 아니다. 선거는 민주주의의 도구일 뿐, 그 자체가 목적은 아니다. 더 나아가 민주주의 역시 절대화될 수 없는 하나의 역사적 제도이고 도구일 뿐이다. 인간이 구성한 것이 인간의 운명이 될 수는 없다. 만약 민주주의를 넘어설 새로운 정치의 형식이 있다면, 그것이 인간의 존엄과 자유를 더 깊이 실현할 수 있다면 우리는 그 가능성을 두려워하지 말아야 한다. 이 책은 민주주의를 지키자는 책인 동시에 민주주의를 신화화하지 말자는 책이기도 하다.

어쩌면 민주주의는 가장 나은 제도가 아닐 수 있다. 다만 우리가 지금까지 발견한 제도 중에서 가장 덜 나쁜 것일 뿐이다. 기술은 그 '덜 나쁨'의 조건조차 무너뜨릴 수 있다. 그렇다면 우리는 질문해야 한다. 인간의 정치를 기술이 대체할 수 있는가? 아니, 기술을 통해 우리는 더 나은 정치를 상상할 수 있는가?

책의 구성

선거 이후에도 AI는 계속 살아 있다. 정책 결정, 입법, 공공 의사소통, 여론 설계. 의회로 들어간 AI는 정당을 움직이며, 시민의 목소리를 모니터링하고, 정제를 가한다. 질문은 바뀐다. '누가 대표자인가'에서 '대표자는 왜 필요한가'로. '무엇이 진실인가'에서 '진실은 누가 구성하는가'로.

이 책은 그 흐름을 따라간다. 고대 추첨제의 철학부터 시작해 대의제의 본질, 정당과 후보자의 전략 변화, 기술적 조작과 법제도의 공백, 외국의 정보 개입, 그리고 AI가 정치 이후의 거버넌스(governance)까지 어떻게 잠식할 수 있는지를 다룬다. 각 장은 하나의 주제를 중심으로 선거 구조를 뜯어보며, 민주주의가 얼마나 섬세한 균형 위에 세워진 제도인지를 드러낸다.

1장 "선거는 왜 하는가?"에서는 선거가 단지 대표를 뽑는 행위를 넘어, 공동체의 '공공의 이익'을 찾아내고 실현하기 위한 중요한 제도라는 근본적인 질문을 던진다. 고대 아테네에서 사용했던 '추첨' 방식을 통해 대표를 선정했던 역사적 사례와 비교하며 현대 선거가 추첨과 어떻게 다른지, 그리고 그 차이가 대의제의 본질에 어떤 영향을 미치는지 깊이 파고든다. 이 장은 단순히 다수의 '의지'를 반영하는 것을 넘어, '자유위임'을 받아 장기적인 안목으로 공동체 전체의 '이익'을 대변해야 하는 대표의 중요성을 강조하면서, 오늘날 대의제가 정당과 지역구의 이해관계에 갇히는 현실을 비판적으로 조명한다.

2장 "대의제와 직접 민주주의"에서는 흔히 대의제를 '간접 민주주의'라 부르며 직접 민주주의보다 열등하다고 오해하는 경향을 바로잡으며, 두 제도의 핵심적인 차이가 대표의 '존재 유무'가 아니라 대표를 '선출하는 방식'(선거 대 추첨)임을 설명한다. 각 시스템에 의해 뽑힌 대표가 지닌 '위임의 성격'(자유위임 대 기속위임)이 차이의 원천이다. 특히 미국의 캘리포니아주에서 직접 민주주의적 요소인 '주민 발의'를 통해 통과된 '13번 발의안(Proposition 13)'의 사례를 통해 단기적인 개인의 이익이 장기적인 공공의 이익을 해칠 수 있음을 생생하게 보여 주면서, 보이지 않는 공공의 이익을 발견하고 실현하려는 대의 민주주의의 가치를 다시 한번 강조하고 이러한 선거 체계에 인공지능이 어떻게 개입하는지 설명한다.

3장 "AI와 정당"에서는 헌법상 단체로서 권력 획득을 목적으로 하는 정당들이 인공지능 기술을 어떻게 활용하고 있는지 구체적으로 다룬다. 정당들이 유권자들에게 개인 맞춤형 후원금 모금 메시지를 발송하거나, AI 챗봇(chatbot)을 통해 실시간으로 소통하는 방식 등을 설명한다. 또한, 인공지능 기반의 여론 분석을 통해 데이터에 기반한 정교한 선거 전략을 수립하는 과정을 상세히 분석한다. 미국의 선거 캠페인에서 사용된 앰플리파이(Amplify.ai) 챗봇이나 모그IA(MogIA), 폴리 AI(Polly AI)와 같은 인공지능 기반의 선거 예측 및 전략 도구들의 사례를 제시하면서 국내 정당들의 인공지능 활용 사례도 함께 소개한다. AI가 정당의 선거 운동을 어떻게 최적화하고 유권자 참여를 높이며, 선거 결과를 예측하고 캠페인 전략을 다듬는 데 기여하는지를 보여 줄 것이다.

4장 "AI와 후보자"에서는 인공지능이 후보자 개인의 캠페인과 유권자와의 소통 방식, 그리고 대중에게 비치는 이미지 형성에 어떤 영향을 미치는지 집중적으로 다룬다. AI 기반의 개인화된 메시지 전달, 유권자 분석을 통한 맞춤형 유세, 그리고 심지어 후보자의 연설문 작성이나 미디어 트레이닝에 AI가 어떻게 활용될 수 있는지 등을 살펴본다. 이를 통해 AI가 후보자의 선거 운동 효율성을 높이는 동시에 인공지능 기술의 오용이 가져올 수 있는 부작용에 대해서도 논의한다.

5장 "개인 정체성과 후보자 정체성"에서는 헌법학자인 저자가 기존 연구를 통해 명확히 정의하고 논증한 '후보자 정체성' 개념이 유권자가 후보자를 인식하고 판단하는 과정에 어떻게 작용하는지 깊이 있게 탐구한다. 후보자의 목소리, 표정, 외모, 배경, 과거 행적 등을 종합적으로 평가하여 유권자가 후보에 대한 판단을 형성하는 과정을 인지 심리학적 관점에서 설명하고, 이러한 '후보자 정체성'이 어떻게 개인의 정체성과 연결되면서도 선거 영역에서 별개의 의미를 가지는지 밝힌다. 특히 딥페이크와 같은 기술이 유권자의 기억이나 종합적인 판단을 왜곡하여 '후보자 정체성'을 인위적으로 조작하고, 이것이 선거 결과에 심각한 영향을 미칠 수 있음을 미리 경고한다. 이 장에서 '후보자 정체성'은 "유권자가 후보자를 선택하는 과정에서 유권자의 판단에 영향을 미치는 모든 행위"로 정의되며 선거라는 특수한 상황에서 '개인 정체성'이 어떻게 발현되는지 살핀다.

6장 "공직 선거에서 딥페이크 악용 사례"에서는 딥페이크 기술이 실제 공직 선거에서 어떻게 악용되었는지 국내외의 구체적인 사례들을 생생하게 제시한다. 대통령 선거와 국회 의원 선거를 중심으로 딥페이크 영상이나 음성 조작이 후보자의 이미지와 발언을 왜곡하여 유권자들에게 잘못된 정보를 전달하고 선거의 공정성을 심각하게 훼손한 사례들을 살펴본다. 이러한 사례 분석을 통해 딥페이크가 민주주의의 근간을 위협하는 심각한 도전이 될 수 있음을 보여 주고, 단순히 기술적 문제를 넘어 사회적 · 정치적 파급 효과를 깊이 있게 분석한다.

7장 "공직 선거에서 딥페이크 악용 방지 방안"에서는 앞선 장에서 제시된 딥페이크의 위협에 실질적으로 대응하기 위한 다각적인 방안들을 제안하며 단순히 딥페이크 영상이나 음성을 기술적으로 탐지하고 차단하는 방법을 넘어 법적 규제와 정책적 접근, 그리고 유권자 교육의 중요성을 강조한다. 딥페이크 생성 및 유포에 대한 처벌 강화, 플랫폼의 책임 강화, 그리고 유권자들이 딥페이크를 식별하고 비판적으로 정보를 수용할 수 있도록 돕는 교육 프로그램 개발 등을 다루고 있으며, 기술적 해결책만으로는 딥페이크의 위협을 완전히 막을 수 없음을 인지하고 사회 전체의 노력이 필요함을 역설한다.

8장 "AI와 선거 관리"에서는 인공지능 기술이 선거 관리의 전반적인 과정에 어떻게 혁신을 가져올 수 있는지 살피며, 후보자 등록 과정에서의 문서 자동화 및 신원 확인, 선거법 위반 행위의 탐지, 그리고 선거 후 회계 처리와 같은 복잡한 관리 업무에 AI를 적용할 가능성을 제시한다. 예를 들어, 캘리포니아주, 텍사스주, 플로리다주, 그리고 인도 등 해외 선거관리위원회들이 AI를 활용하여 서류 미비나 오류를 자동으로 감지하고, 등록 절차를 간소화하며, 효율성을 높이는 사례들을 구체적으로 소개하면서 AI가 선거 관리의 투명성과 효율성을 어떻게 증진시킬 수 있는지를 보여 줄 것이다.

9장 "AI와 외국의 선거 개입"에서는 인공지능과 봇이 국제 정치에서 새로운 형태의 '정보전' 수단으로 어떻게 활용되는지 분석하며 2017년 프랑스 대통령 선거, 2019년 영국 총선, 2020년 대만 총통 선거, 그리고 2022년 브라질 대통령 선거 등에서 발생한 외국의 선거 개입 사례들을 상세히 제시한다. 조작된 영상, 가짜 뉴스, 의심스러운 정보의 대규모 유포, 자동화된 계정(봇)의 활용, 그리고 심지어 2024년 미국 대통령 선거에서 등장했던 AI 생성 허위 음성 메시지 등 다양한 전술을 설명하며, 이러한 새로운 위협에 각국이 어떻게 대응하고 있는지를 살펴볼 것이다.

10장 "선거 후 대의제에서 AI 역할"에서는 선거가 끝난 후에도 인공지능이 대의 민주주의 체제 내에서 지속적으로 어떤 역할을 할 수 있는지에 대해 논의한다. 시민참여 플랫폼, 정책 결정 지원 시스템, 그리고 선출직 공무원의 활동 모니터링 등 AI가 거버넌스와 정책 수립 과정에서 어떻게 활용될 수 있는지에 대한 가능성을 제시한다. 이 장에서는 단순히 선거 과정에 국한되지 않고, 민주주의의 지속적인 발전과 공공선 실현을 위해 AI가 기여할 수 있는 광범위한 역할들을 탐색할 것이다.

결국 이 책은 하나의 결론으로 귀결된다. 우리가 개인으로서 스스로 선택하지 않는다면 누군가가 대신 선택할 것이며, 그 '누군가'는 더 이상 내가 아닐 수 있다는 것이다. 아니 인간이 아닐 수도 있다. 정치의 미래는 아직 정해져 있지 않다. 따라서 지금 우리가 해야 할 일은 단순히 과거의 제도를 수호하는 것을 넘어, 미래를 향한 더 나은 제도를 상상하고 설계하며 주체적으로 선택하는 것이다. 특히 인공지능이 공직 선거 과정에 본격적으로 개입하면서 유권자의 판단력은 전례 없는 시험대에 오르게 되었다. 정교하게 발전하는 AI 기술은 유권자의 선택에 있어 더할 나위 없는 '축복'이 될 수도 있지만, 동시에 민주주의를 위협하는 '저주'가 될 수도 있는 양날의 검(double-edged sword)이다. 이러한 양극단의 가능성 속에서 최종적인 결정권은 오직 '판단력을 지닌 독립된 개인', 즉 유권자 한 명 한 명에게 달려 있다. 결국 사람의 문제고, 사람이 문제다.

01
선거는 왜 하는가?

대통령 선거, 국회 의원 선거, 광역 의원 선거, 기초 의원 선거, 교육감 선거…… 이 많은 선거 모두 구조적으로 승자(당선자)와 패자(낙선자)가 존재하고 선거 전후로 사회 구성원 간의 갈등이 필연적으로 증폭된다. 또한 선거를 치르기 위해서는 많은 돈과 인력이 투입된다. 그런데 문명화된 현대 국가 모두 '선거'를 통해서만 대표자를 선출한다. 이처럼 사회의 분열을 야기하고 비용도 발생하는 선거를 통해서만 대표자를 선출하는 이유는 무엇일까?

AI와 1인 창업?

선거와 추첨

여기 '대표'나 '승자'를 결정하는 2개의 시스템이 있다. 하나는 '추첨'이고, 다른 하나는 '선거'다.

1주일마다 승자와 패자가 결정되는 게임이 전국적으로 진행된다. 바로 로또 6/45 추첨이다. 1등에 당첨되기를 기원하며 사람들은 복권을 구매하고 극소수의 사람들을 제외한 대부분의 사람들은 낙선(?)하지만 어느 누구도 1등 당첨금이 지급된다는 농협중앙회 건물 앞에서 머리에 빨간 띠를 두르고 부정 추첨(?)을 주장하며 시위하지 않는다. 심지어 그들은 게임 참가를 위해 적어도 1000원 이상 자기 돈을 투자한 사람임에도 불구하고 말이다.

인류가 대표자를 선출하는 방식으로 '선거'라는 시스템을 활용하기 전 대표적인 대표자 선출 방식은 '추첨'이었다.

전술한 로또 추첨 사례와 같이 추첨을 통해 대표자를 선출한다고 가정해 보자. 승자(당선자)와 패자(낙선자)가 정해지지만 패자들은 분노하지 않고 국론이 분열되지도 않는다. 실제 이와 같은 '추첨'의 장점 때문에 대표 선출 과정에 '선거'가 아닌 '추첨'을 활용하자는 주장도 존재한다. 추첨제를 통한 입법부 창출 방안을 논의하면서 자문 수준에 머무르는 추첨제가 아닌 대표자 선택 수준까지 확장하고, 의원 개인을 선출하는 것을 넘어 의원단을 구성하자는 논의까지 진행되고 있다(이지문, 2011). 더 이상 국내 추첨제 연구는 민주와의 관계에서 변방에 위치하지도, 극소수의 주장에 그치지도, 형이상학적 논의에 머무르지 않는다. 이미 추첨제에 대한 논의는 민주와의 관계에서 핵심적이고 광범위하며 매우 구체적으로 연구되고 있다(조원용, 2014).

비용도 거의 들지 않고, 사회가 분열되지도 않는 추첨제는 사실 인류가 '선거'라는 제도를 발명해 내기 전까지 대표 선출의 주된 방식 중 하나였다. 고대 아테네, 로마, 중세 이탈리아 등에서 추첨제가 대표 선출의 주요 방식이었으며, 선거제는 근대 시민 혁명 이후 확립된 제도로 역사가 상대적으로 추첨제에 비해 짧다(정주환, 2021).

우리가 흔히 직접 민주주의의 원형으로 이야기하는 고대 아테네에서는 주요 공직의 상당수를 추첨제를 통해 선출했다. 대표적으로 500인 평의회[불레(βουλή)], 시민 법정의 배심원[헬리아이아(Ἡλιαία)], 각종 행정관, 심지어 일부 군사직을 제외한 집정관[아르콘(ἄρχων)] 등도 추첨으로 뽑았다. 추첨 대상이 된 공직은 주로 행정·사법 분야였다. 아테네에서는 이 추첨을 뽑기 방식으로 하지 않았다. 공직 추첨을 위한 독특한 기계를 개발했다. 클레로토리온(κληρωτήριον)은 고대 아테네에서 공직자나 배심원 등 시민 대표를 무작위로 추첨하기 위해 사용된 일종의 추첨 기계였다. 이 기계는 돌이나 금속으로 만든 직사각형의 판에 여러 개의 세로 슬롯(slot, 홈)이 나 있는 구조로, 각 시민의 이름이 적힌 작은 납판[프세포스(psephos)]을 슬롯에 끼워 넣었다. 기계 옆에는 작은 구슬(흰색과 검은색 등 색이 다른 돌)이 들어 있는 관이 연결되어 있었다. 추첨이 시작되면 운영자가 관에서 구슬을 한 개씩 무작위로 꺼낸다. 예를 들어 흰색 구슬이 나오면 해당 행의 시민들이 선출되고, 검은색이 나오면 탈락하는 식이다. 이 과정을 반복해 각 슬롯(열)마다 대표자를 정했다. 이런 방식으로 500인 평의회, 시민법정의 배심원, 각종 행정관 등 다양한 공직을 무작위로 뽑았다. 클레로토리온을 사용한 이유는 정치적 평등과 기회 균등, 즉 모든 시민이 공직에 참여할 동등한 권리를 보장하기 위해서였다. 추첨은 계층, 부, 연줄과 무관하게 누구나 공직자가 될 수 있는 기회를 제공했고, 특정 집단의 권력 독점을 방지하며 민주주의의 이상을 실현하는 핵심 장치였다.

아테네가 추첨제를 도입한 이유는 민주주의의 핵심

가치인 평등과 자유, 즉 모든 시민이 통치에 참여할 동등한 권리를 가진다는 원칙을 실현하기 위해서였다. 추첨은 귀족이나 부유층, 정치적 연줄이 없는 평범한 시민도 공직을 맡을 수 있는 기회를 보장해 특정 계층의 독점과 부패를 방지하고, 정치적 평등을 제도적으로 구현하는 수단이었다. 아리스토텔레스도 "추첨은 민주적이고, 선거는 과두적"이라고 평가했다. 실제로 페리클레스 시대에는 시민권을 가진 성인 남성이라면 누구나 추첨을 통해 공직자가 될 수 있었고, 이를 통해 아테네 민주정의 자유와 평등이 제도적으로 뿌리내릴 수 있었다. 인류가 이렇게 광범위하고 지속적으로 진행되어 온 추첨제를 버리고 새로운 형식의 대표 선출 제도인 '선거'를 통해서만 대표자를 선출하는 이유는 무엇일까.

선거와 공공의 이익

선거와 추첨은 대표 선출 방식에서 목적과 원리가 다르며, 이로 인해 대표자가 가지는 권한(위임의 형태)도 구분된다. 선거는 공공의 이익(interest)을 찾기 위해 설계된 제도로, 대표자는 유권자의 다양한 이해관계를 종합해 공공선을 실현할 자율성과 재량을 부여받는다. 그래서 선거로 선출된 대표자는 '자유위임(free-mandate)'을 갖고, 임기 동안 유권자의 개별적 지시나 구속 없이 자신의 판단에 따라 의사 결정을 내릴 권한이 인정된다. 반면, 추첨은 공공의 의사(will), 즉 시민 집단의 평균적 · 평등한 의사를 직접적으로 반영하려는 제도로 설계되었다. 추첨으로 선출된 대표자는 특정 집단의 의지를 그대로 전달하는 역할에 가깝고, 이 때문에 '기속위임(binding-mandate)', 즉 선출 집단의 의사에 구속되어 행동해야 하는 권한만을 갖게 된다.

이 논리를 설명하기 위해 5인 가족이 10만 원을 들고 마트에 가서 쌀을 사야 하는 상황을 가정할 수 있다. 가족 중 3명, 즉 다수(60%)를 차지하는 어린 자녀들이 10만 원짜리 장난감을 사 달라고 요구한다. 만약 대표자가 기속위임적 지위에 있다면 추첨으로 선출된 시민 의회 구성원처럼 다수의 의사를 그대로 따라야 하므로 10만 원으로 장난감을 사게 된다. 이 경우 가족의 생존에 필수적인 쌀을 살 수 없게 되고, 결과적으로 가족이라는 공동체의 존속이 위태로워진다. 이는 국민 60%가 원하는 대로 정책을 결정할 경우, 단기적 만족은 얻을 수 있으나 장기적이고 본질적인 공공의 이익을 실현하지 못할 수 있음을 보여 준다.

반대로 선거를 통해 선출된 대표자는 자유위임의 권

한을 갖는다. 이 대표자는 가족 구성원 중 다수가 장난감을 원하더라도 가족 전체의 생존과 장기적 이익을 위해 쌀을 사는 결정을 내릴 수 있다. 이는 국민의 다수 의사와 일치하지 않을 수 있지만, 공동체의 근본적 존속과 공공선을 위해 불가피한 선택이다. 이러한 자유위임의 본질은 대표자가 단순히 다수의 의견을 집행하는 것이 아니라, 전체 국민의 이익을 종합적으로 고려하여 최선의 결정을 내릴 수 있도록 하는 데 있다. 국민 60%가 원하는 대로 장난감을 사면 쌀을 살 수 없고, 공동체가 존속할 수 없기 때문에 대표자에게는 국익이 무엇인지 판단할 수 있는 권한, 즉 자유위임이라는 강력한 권한을 준 것이다.

선거와 추첨은 각각 최상의 제도로 기획되었지만 그 목적은 완전히 다르다. 선거는 대표자가 전체 국민의 이익을 위해 자율적으로 판단할 수 있는 자유위임의 원리에 기초하고, 추첨은 대표자가 구성원의 의사를 그대로 반영하는 기속위임의 원리에 기초한다. 이것이 바로 직접 민주주의와 대의 민주주의의 본질적 차이다. 대표자가 단순히 다수의 요구를 따르는 것이 아니라 공동체 전체의 장기적 이익을 위해 때로 다수 의견과 다른 결정을 내릴 수 있어야 한다고 주장한다. 이러한 논의는 선거제와 추첨제의 본질적 차이를 이해하는 데 중요한 시사점을 제공한다.

이 논리는 근대 대의 민주주의의 핵심 원리에도 부합한다. 에드먼드 버크(Edmund Burke)는 "국회 의원은 선거구의 단순한 대리인이 아니라 국민 전체의 이익을 대표하는 자"라고 하였다. 버크는 대표자가 유권자의 개별적 지시에 구속되지 않고, 자신의 양심과 판단에 따라 행동해야 한다고 주장하였다. 이는 자유위임의 전형적 논리다. 반면, 루소(Jean-Jacques Rousseau)는 일반 의지(general will)의 직접적 구현을 중시하며, 대표자는 국민의 의사에 구속되어야 한다고 보았다. 이는 기속위임의 논리와 일치한다.

현대 정치 철학자 베르나르 마냉(Bernard Manin, 1997)은 선거와 추첨의 목적과 대표자의 위임 형태를 명확히 구분한다. 그는 선거는 '탁월성의 논리'에 기초하여 공공의 이익을 실현할 대표를 선출하는 것이고, 추첨은 '평등의 논리'에 따라 시민의 의사를 무작위로 반영하는 것이라고 하였다. 이브 생토메르(Yves Sintomer, 2010) 역시 선거는 대표자의 자율성과 책임성을 강조하는 자유위임의 제도이고, 추첨은 시민 집단의 의사를 그대로 반영하는 기속위임의 제도임을 분석하였다.

국내 연구에서도 임정관(2018)은 “선거는 대표자가 국민의 다양한 이익을 종합적으로 고려하여 자율적으로 결정할 수 있는 자유위임의 제도”라고 하였고, 정주환(2016)은 “추첨은 대표자가 시민 집단의 의사에 구속되어 행동하는 기속위임의 제도”임을 강조하였다.

결론적으로 선거와 추첨은 각각 공공의 이익과 의사를 실현하기 위해 설계된 최상의 제도다. 선거로 선출된 대표자는 자유위임을 통해 국민 다수의 의사와 달라도 전체의 장기적 이익을 위해 결정을 내릴 수 있는 권한을 갖는다. 이는 공동체의 존속과 공공선 실현을 위해 필수적인 제도적 장치다. 반면, 추첨으로 선출된 대표자는 다수의 의사를 그대로 반영해야 하는 기속위임적 지위에 머무른다. 이러한 제도적 차이는 대표자의 역할과 민주주의의 작동 방식에 근본적인 영향을 미친다.

선거를 통해 선출된 대표자에게 부여되는 자유위임은 공공의 이익을 판단하는 데 가장 유용한 제도다. 이것이 대의제의 핵심이다. 그런데 현실은 어떠한가? 그들은 정당에 기속되어 있고 본인을 선출해 준 지역구 이익에 종속되어 있다. 선거를 통해 선출된 대표자가 제 역할을 못하는 정치 현실을 극복하기 위한 방안으로 제시된 것이 직접 민주주의다. 그러나 직접 민주주의는 대의제와 완

전혀 다른 제도이고 이 제도의 목적은 국민의 뜻대로 대표자가 결정하는 것이다. 양자를 혼용하는 것은 혼란만 가중될 수 있고 국민, 정확히 말하자면 전체 국민이 원하는 대로만 결정해야 하는 직접 민주주의 대표자는 기속위임하에 있기에 마트 사례에서 볼 수 있듯 5인 가족은 아사할 수 있다. 다음 장에서 보다 구체적으로 살펴보겠다.

참고문헌

이지문(2011). 《한국민주주의의 질적 고양을 위한 추첨제 도입 방안 연구》. 연세대학교 대학원 박사학위논문.

임정관(2018). "지역정치와 다양성: 직접민주주의 제도로서 추첨제의 활용 가능성 연구". 《GRI연구논총》, 20(2), 135~160쪽.

정주환(2016). "그리스 민주정치와 선거제도 - 아테네 민주주의의 형성과 추첨제를 중심으로". 《법학논총》, 40(1), 159~182쪽.

조원용(2014). "비례대표제의 합헌적 개선방안: 지지 정당 없음의 처리와 비례대표 추첨제 도입을 중심으로". 《공법연구》, 43(2), 53~77쪽.

Burke, E.(1774). *Speech to the Electors of Bristol.* https://www.bristolideas.co.uk/wp-content/uploads/2022/11/LifetimeForJustice_Edmund-Burke.pdf

Manin, B.(1997). *The Principles of Representative Government.* Cambridge University Press.

Rousseau, J-J.(1762). *Du Contrat Social.* https://ebooks-bnr.com/ebooks/pdf4/rousseau_du_contrat

_social.pdf
Sintomer, Y.(2010). *Random Selection in Politics*. Polity Press.

02
대의제와 직접 민주주의

흔히 직접 민주주의와 간접 민주주의 중 어느 것이 우월한 것인지 물으면 대부분 시간적 · 공간적 제약이 없다면 직접 민주주의가 간접 민주주의에 비해 우월한 제도라 답한다. 하지만 이 대답은 명백히 틀렸다. 제1장에서 알아봤듯이 대의제와 직접 민주주의는 각기 최상의 목적으로 따로 기획되었기 때문이다. 간접이라는 이름으로 불리기에는 대의제의 장점이 너무 뛰어나다. 이 대의제는 선거를 통해 대표자를 선출하는 제도를 말한다.

AI와 MBTI?

대의제에 대한 오해

대의 민주주의(representative democracy)는 흔히 직접 민주주의에 대비되는 개념인 '간접 민주주의(indirect democracy)'로 표현된다. "우리 헌법은 건국 헌법 이래로 간접 민주제(대의제)를 기본으로 하고 있다"고 명시하며, 이는 국민이 직접 정치에 참여하지 않고, 대표자를 선출해 그들에게 권한을 위임하는 구조임을 설명하는 경향을 보인다(변해철, 2016). 반면에 간접 민주주의는 일반 유권자는 중간 선거인을 선출하는 데 그치고, 그 중간 선거인이 대통령이나 의원 등을 선출하는 제도를 말한다. 직접 선거에 대응하는 개념이다. 일반 선거인의 선거 능력에 대한 불신으로 인해 채택하는 경우와, 인구가 많고 지역이 광대한 곳에서 선거의 간편화를 기하려는 목적에서 채택하는 경우가 존재하는데 간접 선거 제도는 전자에서 유래한다. 중간 선거인이 원선거인의 의사대로 의원을 선출하면 절차가 무의미해지고, 반면 원선거인의 의사에 반하면 민의를 중간에서 저지·왜곡하는 까닭에 그 한도 내에서는 민주주의 정신에 위배된다고 할 수 있다. 현존하는 제도로는 미국 대통령 선거가 대표적이나, 정당 정치의 발달로 실질적으로는 직접 선거와 같다. 현암사 법률용어사전에 의하면 "우리나라의

제4 · 제5공화국 때의 대통령 선거가 이에 해당한다"는 설명도 발견된다. 어느 것이 옳은가?

전자의 견해에 의하면, 결국 국민이 스스로를 지배하는 인민의 자기 지배가 최상의 가치이나 시간적 · 공간적 제약에 의해 '어쩔 수 없이' 대의제를 택한 것이라고 설명한다. 과연 그러할까? 5200만 명의 국민이 모두 '직접' 정치에 참여한다고 가정해 보자. 5200만 명이 5분씩 차례로 발언하면 약 2억6천만 분, 약 43만3천 시간, 약 18만 일, 약 495년이 걸린다. 이는 한 명씩 쉬지 않고 연속으로 발언할 때의 계산이며, 실제로는 더 많은 시간이 소요될 수 있다. 또한 5200만 명의 생각이 전부 다를 텐데 어떻게 결정을 해야 할지에 대한 방법론도 존재하지 않는다. 5200만 명이 각자 원하는 것을 이야기한다면 이전투구 상태, 만인의 만인에 대한 투쟁 상황이고 이 상황이 지속되면 우리는 그것을 무정부 상태라 말한다. 좋다. 그런 5200만 명이 자신이 원하는 것을 입법하기 위해 실시간으로 참여하여 의견을 개진한다고 가정해 보자. 누군가는 군대에 가지 않기 위해 병역법 폐지를 주장할 것이고, 누군가는 세금을 내지 않기 위해 세법을 폐지하자고 할 것이다. 기술 발전으로 이것을 실시간으로 찬반 투표에 부칠 수도 있을 것이다.

대의제가 문제가 많기 때문에 직접 민주주의를 하자는 사람들은 모든 사람이 '참여'하는 것이 직접 민주주의인지 모든 사람이 '결정'하는 것이 직접 민주주의인지에 대한 판단도 없다. 5200만 명이 5분 자유 발언을 하는 것은 '참여'에 해당하고 병역법 폐지 여부를 실시간으로 투표하는 것은 '결정'에 해당한다.

미국 캘리포니아주는 주민 발의제(initiative)라는 직접 민주주의 제도를 통해 시민이 법률 제정 · 폐지를 직접 제안하고 투표로 결정한다. 캘리포니아주의 Proposition 13은 1978년 주민 투표로 통과된 법안으로, 재산세율을 부동산 평가액의 1% 이하로 제한하고, 세금 신설 요건을 강화했다(박훈 외, 2012). 캘리포니아주 Proposition 13의 세금 신설 요건 강화 내용은 새로운 주 · 지방세를 도입하거나 기존 세금을 인상할 경우, 주민 투표에서 3분의 2(66.7%) 이상의 찬성을 반드시 얻도록 한 것이다. 즉, 단순 과반이 아니라 3분의 2 초과라는 매우 엄격한 요건을 도입해 세금 신설 및 인상이 사실상 극도로 어려워졌다. 이 조항은 지방 정부가 재정 확충을 위해 세금을 새로 만들거나 인상하려 할 때, 주민들의 압도적 동의 없이는 불가능하도록 한 것으로 캘리포니아주 재정 운용의 경직성을 심화시킨 핵심 원인 중 하나로 평가된다(이상

엽 외, 2012). 결국 이 법안은 많은 시민들이 세금 부담을 줄이고자 하는 단기적 이익에 따라 통과됐으나, 이후 공공 교육 · 치안 · 복지 등 필수 공공 서비스 예산이 심각하게 부족해지는 결과를 초래했다.

이 같은 사례는 직접 민주주의가 개인의 부담을 줄이려는 요구(세금 폐지 등)에 휩쓸릴 경우, 장기적으로 사회 전체의 공공 이익과 국가 존속 기반이 약화될 수 있음을 보여 준다. 제1장에서 제시한 마트 사례처럼 쌀을 사는 대신에 장난감 사는 것을 국민 60%가 원한다면 그렇게 해야 하는 것이다. 아무도 부담은 지지 않고 혜택만 받으려 한다면 공동체 전체의 '아사'는 명약관화하다.

대의제와 직접 민주주의는 목적이 다르다. 대의제를 간접 민주주의로 치환하니 직접 민주주의가 보다 우월한 제도로 인식될 뿐이다. 대의제와 직접 민주주의의 차이는 대표의 유무가 아니라 대표 선출 방식의 차이다. 대의제를 '선거'를 통해, 직접 민주주의는 '추첨'을 통해 대표를 선출한다. 추첨을 통해 선출된 대표자는 전체 국민(모집단)과 대표자(표본) 사이에 동일성이 인정되기 때문에 따로 전체 국민의 의사를 물어볼 필요 없이 대표자의 의사가 곧 전체 국민의 의사다. 직접 민주주의의 목적은 이 전체 국민의 의사대로 공동체의 정책을 결정하는 것이므로 추첨으로 선출된 직접 민주주의하에 대표자는 모집단의 의사에 반하여 행동할 자유가 없다. 기속위임 관계에 있는 것이다.

반면에 선거로 선출된 대표자와 그를 뽑아 준 유권자 사이에는 동일성이 인정되지 아니한다. 선거로 대표자를 뽑는 대의제의 목적은 국민의 의사를 그대로 반영하는 것이 아니라 무엇이 국가에 공동체에 이익이 되는지 발견하거나 결정해 보라는 것이다. 공익이나 국익은 눈에 잘 보이지 않기 때문에 이들에게는 공익과 국익을 찾아 나갈 때 국민들이 어떻게 생각하고 무엇을 원하는지 고려하지 않을 독자적인 권한이 반드시 필요하다. 그것이 자유위임이다.

선거로 대표자를 선출하는 대의제에서 이렇게 엄청난 권한을 갖는 대표자를 뽑는 선거에 AI가 들어가기 시작했다. AI는 정당, 후보자에게 영향을 미치고 결국 유권자의 선택에 영향을 미치게 된다. 급변하는 선거 환경 그 역동적 변화의 변곡점이 AI다.

참고문헌

박훈 외(2012). 《해외 주요국의 재산세 과세기준일 제도》. 한국지방세연구원.

변해철(2016). “한국 헌법상의 직접민주제”. 《외법논집》, 40(1), 19~34쪽.
이상엽 외(2012). 《세제 개편의 절차적 논의에 관한 연구》. 한국조세재정연구원.
현암사 법전부(2025). 《2025 법률용어사전》. 현암사.

03
AI와 정당

고도로 발달하고 있는 AI는 헌법이 보호하는 결사체인 정당에도 영향을 미친다. AI는정권 획득이라는 목표로 돌진하는 정당에 날개를 달아 줄 수 있을까? 유권자의 마음을 얻고 표를 얻기 위해 정당은 AI를 어떤 방식으로 활용할 수 있을지 그리고 이미 어떻게 활용하고 있는지 알아보자.

AI와 난임 극복?

정당의 본질

정당은 동일한 정견을 가진 사람들이 정권을 획득하여 정치적 이상을 실현하기 위해 조직된 단체로 정의된다. 현행 정당법은 정당을 "국민의 이익을 위하여 책임 있는 정치적 주장이나 정책을 추진하고 공직 선거의 후보자를 추천 또는 지지함으로써 국민의 정치적 의사 형성에 참여함을 목적으로 하는 국민의 자발적 조직"이라고 정의한다.

정당의 법적 성격에 대해서는 "정당은 공적인 성격과 사적인 성격을 함께 가진다. 정당이 헌법의 회색 지대를 차지하고 있다는 말은 그러한 정당의 이중적 특성에서 나온다. (…) 정당은 시민의 자발적 조직이지만 다른 일반적인 시민 사회의 조직과는 구별된다. 정당은 시민의 자발적 조직으로서 그들의 이익을 증진시키기 위해 행동하고 공식적 국가의 권력의 범위 내에서 이상을 추구한다. 정당은 공적 의견의 도관뿐만 아니라 필터 역할을 함께 수행한다. 그 때문에 정당은 시민 사회의 통합을 그 본질로 한다"고 정의된다(조재현, 2019). 정당은 사적 조직에서 출발하지만 공적인 역할을 하는 정치적 도관 역할을 하는 것으로 정의될 수 있을 것이다. 물론 이들 정당은 헌법상 한계를 갖는데 "정당은 그 목적 · 조직과 활동이 민주적이어야 하며, 국민의 정치적 의사 형성에 참여하는 데 필요한 조직을 가져야"(헌법 제8조 제2항) 함은 물론이다. 이 한계를 넘어서 실제 헌법재판소에 의해 해산된 정당이 2014년 통합진보당이다.

헌법재판소는 2013헌다1 위헌 정당 심판에서 헌법 제8조 제4항의 의미를 명확하게 설시하였다. 헌법재판소는 "헌법 제8조 제4항은 정당 해산 심판의 사유를 '정당의 목적이나 활동이 민주적 기본 질서에 위배될 때'로 규정하고 있는데, 여기서 말하는 민주적 기본 질서란 개인의 존엄과 가치 및 국민 주권, 권력 분립, 법치주의 등 자유 민주적 기본 질서의 핵심적 요소를 의미"한다고 보았고 "민주적 기본 질서의 '위배'란 민주적 기본 질서에 대한 단순한 위반이나 저촉을 의미하는 것이 아니라, 민주 사회의 불가결한 요소인 정당의 존립을 제약해야 할 만큼 그 정당의 목적이나 활동이 우리 사회의 민주적 기본 질서에 대하여 실질적인 해악을 끼칠 수 있는 구체적 위험성을 초래하는 경우"를 의미하며 "강제적 정당 해산은 헌법상 핵심적인 정치적 기본권인 정당 활동의 자유에 대한 근본적 제한이므로 헌법재판소는 이에 관한 결정을 할 때 헌법 제37조 제2항이 규정하고 있는 비례 원칙을 준수"하여야 하고 "따라서 헌법 제8조 제4항의 명문

규정상 요건이 구비된 경우에도 해당 정당의 위헌적 문제성을 해결할 수 있는 다른 대안적 수단이 없고, 정당해산 결정을 통하여 얻을 수 있는 사회적 이익이 정당 해산 결정으로 인해 초래되는 정당 활동 자유 제한으로 인한 불이익과 민주주의 사회에 대한 중대한 제약이라는 사회적 불이익을 초과할 수 있을 정도로 큰 경우에 한하여 정당 해산 결정이 헌법적으로 정당화될 수 있다"고 결정하였다.

헌법의 '민주적 기본 질서'라는 틀 안에서 정권 획득을 위해 달려가는 결사체인 정당은 어떤 방식으로 AI를 활용할 수 있을까. 국내외 정당의 구체적인 AI 활용 사례를 간단하게 살펴보자.

정당의 AI 활용 방식

정당이 AI를 본격적으로 활용하는 사례는 크게 3가지 방식으로 나타난다. 유권자 맞춤형 후원금 모금 메시지를 발송하거나 AI 챗봇을 이용해 유권자와 실시간으로 소통, 그리고 AI를 활용한 여론 조사 및 데이터 기반 선거 전략 수립에 활용하는 방식이다.

미국 정치 캠페인에서는 AI가 유권자의 행동, 선호도, 감정 등을 분석해서 이메일이나 문자, 소셜 미디어

(social media) 메시지를 맞춤형으로 제작해 발송했다. 실제로 AI가 작성한 이메일이 사람이 쓴 것보다 3~4배 더 많은 후원금을 모았다. 이런 방식으로 AI가 유권자 데이터와 소셜 미디어 활동, 투표 패턴을 분석해 각 유권자에게 최적화된 메시지를 자동으로 발송하는 사례가 미국과 유럽에서 널리 발견됐다. 물론 이와 같은 정당의 맞춤형 정보 제공이 유권자의 개인 정보 침해하는가 여부는 별도의 문제다. 여기서 우리가 주목하고자 하는 것은 유권자가 사람이 보낸 이메일보다 AI가 작성한 이메일에 더 적극적인 반응을 보였다는 점이다.

또한, 미국에서는 민주당 상원 의원 마크 켈리(Mark Kelly)와 존 히큰루퍼(John Hickenlooper)가 'Amplify.ai'라는 AI 챗봇을 활용해 한 달 만에 18만 명이 넘는 유권자와 일대일로 소통했다. 유권자가 캠프의 페이스북(Facebook) 페이지에 "마크 켈리 진짜 멋지네(Mark Kelly rocks)"와 같은 긍정적 댓글을 남기면 챗봇이 자동으로 해당 유권자에게 메시지를 보내 감사 인사를 전하고, 추가 대화에 참여할 의향이 있는지 물었고, 부정적이거나 중립적인 의견에 대해서도 AI가 맥락을 파악해 "다른 의견을 듣고 싶다"는 식으로 맞춤형 응답을 제공했다(Manasa, 2020.11.30). 이 챗봇은 유권자의 질문에 답변하고, 정책을 안내했으며, 후원과 자원 봉사 참여를 독려했다(김재호, 2024.3.1). Amplify.ai는 모든 댓글과 반응을 수집해 실시간으로 감정[긍정(positive)/부정(negative)/중립(neutral)] 및 의도 분석을 수행했고, 이를 대시보드(dashboard)로 시각화해 캠프 관계자들이 유권자 반응을 즉각적으로 파악할 수 있게 했고, 하루 수천 건에 이르는 메시지와 댓글에 대해 AI가 자동으로 응답 · 분류함으로써, 기존에 최소 6명 이상의 전담 인력이 필요했던 업무를 효율적으로 대체했다(Manasa, 2020.11.30). 챗봇은 유권자에게 자발적 캠페인 참여(자원봉사, 투표 독려, 소액 후원 등)를 유도하고, 대화 과정에서 수집된 데이터를 기반으로 지지층 · 설득층 · 반대층을 분류해 맞춤형 메시지를 발송했고, 이 과정에서 Amplify.ai는 대화형 경험을 통해 유권자의 지지 의향을 파악하고, 명단 구축(list building)과 기부금 모금 등 선거 운동의 핵심 지표를 크게 개선했다.

국내에서도 '이낙연 응답하라' 앱과 자이냅스(Xinapse)의 '나엘(Nael)' 챗봇 등이 도입되어, 유권자가 후보의 공약이나 경력이 궁금할 때 AI가 실시간으로 답변한 사례도 존재한다.

2016년 미국 대통령 선거에서 기존 여론 조사들은 힐

러리 클린턴(Hillary Clinton)의 승리를 예측했지만, 인도의 모그IA, 캐나다의 어드밴스드 심볼릭스(Advanced Symbolics)의 AI폴리 등 여러 AI 프로그램은 도널드 트럼프(Donald Trump)의 당선을 예측했다. 인도 벤처 기업 제닉AI(Genic.ai)의 창립자 산지브 라이(Sanjiv Rai)는 자신이 개발한 인공지능 '모그IA'가 2016년 10월 말, 트럼프 후보의 승리를 예측했다고 언론에 공개했다. 모그IA는 구글(Google), 페이스북, 트위터[Twitter, 현 엑스(X)], 유튜브(Youtube) 등 공개 플랫폼에서 수집한 약 2천만 건의 데이터를 분석해 후보별 연관성과 대중의 반응을 평가했다. 산지브 라이는 모그IA가 2004년부터 미국 대선 결과를 예측해 왔으며 한 번도 틀린 적이 없다고 밝혔다. 2016년에도 기존 여론 조사와 달리 트럼프의 당선을 예측했고, 실제 결과와 일치했다(고성민, 2016.11.9; 나확진, 2016.11.9; 이재구, 2016.10.31).

캐나다의 AI 스타트업(startup) 어드밴스드 심볼릭스가 개발한 '폴리'는 2016년 미국 대선에서 5400만 명의 미국 유권자 소셜 미디어 데이터를 분석해 트럼프의 승리를 예측했다. AI폴리는 2011년부터 캐나다, 미국, 영국 등 여러 선거에서 실제 결과와 일치하는 예측을 보여 왔으며, 2016년 대선에서도 기존 여론 조사와 달리 트럼프가 이길 것이라고 분석했다. 폴리는 빅데이터 기반으로 표본 추출 편향을 줄이고, SNS(Social Network Service)상의 실제 대화와 감정 분석을 통해 유권자 표심을 예측하는 방식이었다(김용철, 2016.11.10; 선한결, 2022.3.10).

이 AI들은 트위터, 페이스북 등 소셜 미디어에 올라온 글의 키워드와 내용을 분석해 여론의 흐름과 선거 결과를 추론했다. 실제로 결과는 트럼프의 승리로 나타나 AI 예측이 기존 여론 조사보다 정확했다는 평가를 받았다(선한결, 2022.3.10).

국내에서도 각 정당이 궐위에 의한 대통령 선거를 앞두고 AI를 적극 활용한 바 있다. 더불어민주당은 2025년 대선을 준비하며 'AI 강국위원회'를 선대위 내에 설치하고, AI 기반 데이터 분석을 통해 정책 수립과 선거 전략을 고도화했다. 이재명 후보는 '모두의 AI' 프로젝트를 통해 한국형 챗GPT 개발, 전 국민 무료 사용 보장, 공공데이터 개방 등 AI 활용을 선거 공약과 실무에 적극 반영했다. 또한, 고성능 GPU 집적 클러스터 등 인프라를 구축해 데이터 기반 정책 개발과 선거 전략에 AI를 접목했다(김은영, 2025.4.22). 이 사례는 실제 성공 여부와 관계없이 우리나라 정당도 AI를 인정하고 적극적으로 선거에 반영하고 있음을 의미한다. 국민의힘도 AI 특별위원회를 중심으로 AI 기반 데이터 분석, 여론 흐름 예측, 맞춤형 메시지 전략을 도입했다. AI를 활용해 유권자 성향 분석, 정책 반응 예측, 선거 운동 효율화 등 다양한 데이터 기반 전략을 실무에 적용했다. 특히 민관 합작 AI 펀드 조성, AI와 반도체 산업 연계, AI 기반 여론 조사 기법 도입 등도 추진했다(지디넷코리아, 2025).

참고문헌

고성민(2016.11.9). "[미국 대선]대선 승자 예측에서도 AI가 인간을 이겼다". 《조선일보》.
https://www.chosun.com/site/data/html_dir/2016/11/09/2016110902754.html

김병관(2024.1.5). "AI 당대표까지 등장한 덴마크 인공지능이 정치를 뒤바꾸고 있다".
https://www.kpf.or.kr/front/research/selfDetail.do?seq=595983&link_g_homepage=F

김용철(2016.11.10). "[취재파일] 트럼프 당선을 예측한 그들…'빅데이터'는 알고 있었다".
https://news.sbs.co.kr/news/endPage.do?news_id=N1003880988

김은영(2025.4.22). "[Q&AI] 대선 후보 별 AI 관련 공약 및 행보 총정리". 《AI 매터스》.
https://aimatters.co.kr/news-report/ai-news/19912/

김장현(2025.5.15). "주요 정당의 AI 공약". 《전자신문》.

https://www.etnews.com/20250515000033
김재호(2024.3.1). “AI가 유권자를 만난다...대화형 AI 챗봇 미국 선거 운동에 활용”. 《AI타임스》.
https://www.aitimes.com/news/articleView.html?idxno=134502
나확진(2016.11.9). “〈트럼프 당선〉 승자 예측 적중한 인공지능-인도 모그IA”. 《연합뉴스》.
https://www.yna.co.kr/view/AKR20161109221000077
선한결(2022.3.10). ““ㅇㅇ후보가 당선할 것” AI의 예측 맞았을까”. 《한국경제》.
https://www.hankyung.com/article/202203094448i
이재구(2016.10.31.). “AI의 美대선 예측은?...“트럼프가 이긴다””. 《글로벌이코노믹》.
https://www.g-enews.com/article/ICT/2016/10/201610311329501302437_1
조재현(2019). “야당에 대한 실질적 통치권한 승인의 유형과 정당성에 관한 연구”. 《동아법학》, 83, 7~35쪽.
지디넷코리아(2025.4.22). “[Q&AI] 주요 대선 후보 AI 관련 공약·행보 총정리”.
https://zdnet.co.kr/view/?no=20250422223433
Manasa, G.(2020.11.30). How Mark Kelly used conversational AI to help win a Senate seat. Venturebeat.
https://venturebeat.com/ai/how-mark-kelly-used-conversational-ai-to-help-win-a-senate-seat/

04
AI와 후보자

AI의 발전은 공직 후보자의 선거 운동에도 많은 변화를 일으킬 수 있다. 선거 운동에 있어 AI는 여러 방식으로 활용될 수 있는데 AI를 통한 유권자와의 실시간 소통, AI 기반 데이터 분석과 맞춤형 공약 설계, AI를 활용한 홍보 및 캠페인 자동화, AI를 통한 선거 전략 진단과 역량 강화 등으로 나누어 볼 수 있다. 국내외 실제 사례도 살핀다.

AI와 사주?

AI 활용 방식

후보자가 AI를 선거에 활용하는 방법은 크게 네 가지로 나눌 수 있다. 첫째, AI 챗봇을 통한 유권자와의 실시간 소통이다. 후보자는 AI 챗봇을 도입해 24시간 유권자 질문에 답변하고, 정책 · 공약을 설명하며, 민원 접수와 피드백을 자동화한다. 2024년 미국 펜실베이니아주 하원의원 후보 샤메인 대니얼스(Shamaine Daniels)는 AI 봉사자 '애슐리(Ashley)'를 활용해 유권자에게 직접 전화를 걸고, 맞춤형 정책 안내와 질의응답을 제공했다. 기존 ARS(Automatic Response System)와 달리 AI는 유권자 프로필을 분석해 개별적 대화를 진행했다(고륜형, 2025.5.21; 송성환, 2025.5.7; 심재우, 2025.3.7). 애슐리는 오픈AI(OpenAI)의 챗GPT와 유사한 생성형 AI 기술로 구동되는 최초의 정치 전화 뱅커(banker)로, 기존 ARS와 달리 사전에 녹음된 문장만 반복하지 않고 유권자 데이터베이스(NGPVan 등)를 바탕으로 각 유권자의 등록 정보, 투표 이력, 관심 이슈 등 프로필을 분석해 맞춤형 대화를 진행했다.

실제 사례에서 애슐리는 "안녕하세요, 애슐리입니다. 저는 샤메인 대니얼스의 10지구 의회 출마를 위한 인공지능 자원봉사자입니다"라고 소개하며, 유권자에게 후보의 공약을 아는지, 가장 중요하게 생각하는 사회 및 정치 이슈가 무엇인지 등을 물었다. 유권자가 답변하면 애슐리는 그에 맞춰 후보의 정책을 설명하고, 추가 질문에도 자연스럽게 응답했다. 답하기 어려운 질문이 나오면 실제 캠프 관계자로 연결해 주는 기능도 탑재했다.

애슐리는 영어뿐 아니라 20여 개 언어로 대화가 가능해 다양한 배경의 유권자에게 접근성을 높였다. 하루 수천 건의 전화를 동시에 처리하며, 기존 ARS 방식과 달리 유권자별로 개별적·쌍방향 대화를 실현했다. 대니얼스 후보는 "정기적인 자동 녹음 전화나 설문 조사로는 얻기 힘든 강력한 정보를 얻고, 대화를 주도할 수 있다"고 평가했다. 실제로 애슐리를 통해 수집된 유권자 의견과 데이터는 향후 정책 개발과 법안 마련에도 활용될 계획이다.

이처럼 AI 봉사자 애슐리는 선거 운동의 비용을 줄이고, 인지도가 낮은 정치 신인이나 소수자 후보가 대규모 유권자와 맞춤형 소통을 할 수 있는 혁신적 도구로 주목받았다. 다만 AI가 유권자와의 통화를 녹음해 스스로 학습한다는 점, 데이터 편향 및 개인 정보 보호 문제 등은 논란의 여지도 있다. 개인 정보 보호 문제는 해당 유권자의 동의 여부뿐 아니라 그 동의의 정도가 현 통화에 국한되는지 다른 활용에도 인정되는 광범위한 것인지에 따라 달라질 수 있음을 유의해야 한다. 축적된 편향적 데이터는 다른 사용자가 동일 AI를 활용하여 선거 운동을 할 경우에 문제를 발생시킬 수 있다.

둘째, AI 기반 데이터 분석과 맞춤형 공약 설계다. 후보자는 AI를 유권자의 지역 · 연령 · 관심사 · 직업 등 다양한 데이터를 분석해, 지역별 · 계층별 최적화된 공약을 자동 생성하고, 이를 유권자에게 맞춤형으로 전달하는 방식으로 활용할 수 있다. AI 선거 올인원(all-in-one) 설루션의 '유권자 맞춤형 공약 제안', '실시간 여론 분석', 'SNS 여론 모니터링' 등은 후보자가 유권자 요구를 실시간 파악하고, 전략을 빠르게 조정할 수 있게 한다(심재우, 2025.3.7). 예를 들어 AI가 서울 강남구 20~30대 유권자 중 IT · 디자인 등 디지털 산업 종사자 비율이 높고, '청년 일자리'에 대한 관심이 많다는 데이터를 분석하면 후보자는 "강남구 청년 디지털 창업 펀드 500억 조성, AI · 블록체인(block chain) 스타트업 지원 센터 설립" 등 지역 맞춤형 청년 일자리 공약을 자동 생성하여 개별 강남구 청년 유권자에게 문자, 카카오톡(KakaoTalk), SNS DM(Direct Message) 등으로 전달할 수 있다. 마찬가지로 AI가 충남 보령시 60대 이상 고령 유권자 비중,

‘의료 접근성’과 ‘복지 서비스’에 대한 높은 관심을 분석하면 후보자는 “김제시 보건소 AI 원격 진료 시스템 도입, 이동형 복지 버스 확대” 등 고령층 맞춤형 복지 공약을 자동 생성한 후, 해당 공약 대상인 노령층이 SNS에 익숙하지 않은 점을 고려해 보령시 60대 이상 유권자에게 우편, 자동 음성 전화(음성 AI), 지역 라디오 광고 등으로 전달할 수 있다. 여기서 AI는 기존 데이터를 분석해서 유권자의 욕구를 파악하거나, 이들에게 적합한 공약을 개발하는 데 활용될 수 있으며 이와 같이 생성된 공약을 유권자에게 전달할 수 있는 가장 효율적인 수단도 찾아낼 수 있다.

셋째, AI를 활용한 홍보 · 캠페인 자동화다. AI는 블로그 · SNS · 기사화 등 홍보물을 자동 생성하고, 공약 영상 · 뮤직비디오 등 감성 콘텐츠도 제작한다. 미국 상원의원 마크 켈리와 존 히큰루퍼는 Amplify.ai 챗봇을 통해 페이스북 등에서 수십만 명 유권자와 일대일 대화를 진행하고, 캠페인 참여 · 기부금 모금 · 투표 독려까지 자동화했다. AI는 실시간으로 유권자 반응을 분석해, 긍정 · 부정 · 중립 등 감정별로 맞춤형 메시지를 발송했다 (Manasa, 2020.11.30).

2024년 미국 민주당 하원 의원 딘 필립스(Dean

Phillips) 캠프는 선거 운동에 AI 챗봇 '딘닷봇(Dean.Bot)'을 도입해 유권자와 실시간 대화, 정책 안내, 질의응답을 진행했다. 딘닷봇은 오픈AI의 GPT-3.5 기반으로 개발됐으며, 유권자가 웹사이트에 접속해 "딘 필립스 후보의 입장은 무엇인가?", "복지 정책은?", "트럼프에 대해 어떻게 생각하나?" 등 다양한 질문을 입력하면 챗봇이 후보의 실제 발언, 공식 입장, 공약집 등을 바탕으로 답변을 제공하는 방식이었다.

딘닷봇은 선거 운동 기간 중 "후보와 직접 대화하는 듯한 경험"을 제공하며, 유권자 질문에 신속하고 일관된 답변을 내놓아 캠프의 인력 부담을 크게 줄였다. 또한, 챗봇은 "나는 AI 챗봇이며, 실제 딘 필립스가 아니다"라는 점을 명확히 밝혀 투명성을 유지했다. 개발은 AI 스타트업 '델파이'(Delphi)와 협력해 이루어졌으며, 챗봇은 후보의 공식 입장 외에 개인적 의견이나 허위 정보를 생성하지 않도록 설계됐다.

그러나 2024년 1월, 오픈AI는 "선거 개입 및 허위 정보 확산 우려"를 이유로 선거 운동용 AI 챗봇의 개발 및 운영을 금지하는 정책을 발표했다. 이에 따라 딘닷봇은 운영이 중단됐다. 오픈AI는 "AI 챗봇이 선거에 직접 활용될 경우, 허위 정보 생성, 유권자 오도, 선거 공정성 훼손

등 위험이 크다"며, 선거 운동 · 정치적 메시지 전달을 목적으로 한 AI 챗봇 사용을 공식적으로 제한했다(최혜린, 2024.1.12).

이 사례는 실제 후보 캠프가 AI 챗봇을 도입해 유권자와 소통한 초기 사례 중 하나였으나 AI의 정치적 활용에 대한 윤리적 · 사회적 논란과 플랫폼의 규제 강화로 조기 중단된 대표적 사례기도 하다. AI 챗봇이 유권자의 질문에 후보자 입장, 정책, 정치적 사안에 대해 실시간 답변을 제공하는 과정에서 AI가 후보자의 실제 공식 입장과 다르거나 맥락을 잘못 해석해 부정확하거나 왜곡된 정보를 제공할 위험이 지적됐다. 특히 AI가 훈련된 데이터에 따라 예상치 못한 답변을 생성하거나, 허위 정보 · 오해 소지가 있는 메시지를 유권자에게 전달할 경우, 선거 공정성에 심각한 영향을 줄 수 있다는 우려가 나왔고(최혜린, 2024.1.12), 이 과정에서 AI가 특정 후보의 입장이나 메시지를 반복 · 강조하거나 부정적 질문에 편향적으로 대응할 경우, 유권자 판단에 비정상적 영향을 미칠 수 있다는 문제가 제기될 수 있다. 또한, AI 챗봇이 실제 후보자와 구분되지 않거나 유권자가 챗봇임을 인지하지 못할 경우, 유권자 기만 및 신뢰 훼손 문제도 생각하지 않을 수 없다.

넷째, AI를 통한 선거 전략 진단과 역량 강화다. AI는 후보자의 리더십 · 역량 · 혁신성 · 영향력 등을 객관적으로 진단하고, 선거 준비 상태를 과학적으로 평가해 전략을 제시할 수 있다. AI는 이슈 발생 시 실시간 대응 전략도 제안한다.

AI 토커 허브(AI Talker Hub) 등은 후보자와 유권자 간 실시간 양방향 소통을 지원해, 유권자가 직접 질문하고 의견을 제시할 수 있게 한다. 이 과정에서 후보자는 유권자 요구를 신속히 반영하고, 정책에 적용할 수 있다(심재우, 2025.3.7). 구체적으로 AI 토커 허브를 비롯한 AI 선거 올인원 설루션은 유권자가 모바일 · 웹 플랫폼에서 후보자에게 실시간 질문을 남기면 후보자나 캠프가 즉각 답변하거나, AI가 후보자 공식 입장 · 공약을 바탕으로 자동 응답한다. 예를 들어, 한 지역 유권자가 "우리 동네에 청년 창업 지원 정책이 필요하다"고 질문하면, 후보자는 해당 의견을 데이터로 수집해 같은 지역 청년층 요구가 높은 것을 확인한다. 이후 캠프는 "청년 창업 펀드 조성" 등 맞춤형 공약을 신속히 추가하고, 이를 해당 지역 유권자에게 다시 안내한다(심재우, 2025.3.7).

또한, 유권자들이 실시간으로 건의한 교통, 복지, 환경 등 다양한 생활 밀착형 요구가 AI 플랫폼을 통해 자동 분류 · 분석될 수 있다. 후보자는 이 데이터를 기반으로 "마을버스 노선 신설", "AI 기반 복지 상담 센터 도입" 등 구체적 공약을 정책집에 반영하고, 실제 선거 운동 메시지로 활용한다. 이 과정에서 후보자는 유권자 요구의 우선순위와 지역별 특성을 데이터로 파악해 선거 전략을 과학적으로 조정할 수 있다. 이처럼 AI 토커 허브는 기존의 일방향적 선거 운동을 넘어, 유권자 참여와 실시간 피드백을 바탕으로 후보자의 공약과 정책이 유권자 실제 요구에 더욱 밀착되도록 혁신하고 있다. 이는 후보자와 유권자 간 신뢰를 높이고, 정책의 실효성과 현장성을 강화하는 데 중요한 역할을 한다(심재우, 2025.3.7).

공직 후보자의 AI 활용의 한계

국내 정당들은 제20대 대통령 선거에서 AI 후보(딥페이크, 가상 인간)를 통해 AI 활용 방식을 적극적으로 보여줬다. 2022년 대선에서 국민의힘은 'AI 윤석열'을 선보였다. 이는 윤석열 후보의 말투와 표정을 딥러닝으로 학습해 만든 가상 인플루언서(influencer)로, 유권자 질문에 실시간으로 답변하고 유머러스한 응대까지 선보였다. 민주당도 이후 'AI 이재명'을 도입해 전국 단위 공약 발표 등 선거 운동에 활용했다. 이처럼 AI 후보를 통해 후보자의 이미지와 메시지를 반복적으로 노출시키고, SNS 및 유튜브 등 다양한 플랫폼에서 유권자와의 접점을 확대하려고 노력했다.

이처럼 AI는 후보자와 유권자 간의 소통을 혁신하고, 데이터 기반 맞춤 전략, 홍보 자동화, 과학적 역량 진단 등 선거 운동의 모든 과정을 혁신하고 있다. 하지만 AI 활용에는 허위 정보·딥페이크(deep fake) 등 악용 가능성, 데이터 편향, 개인 정보 보호 등 윤리적·법적 한계가 뒤따른다. 실제로 튀르키예 대선, 슬로바키아 총선, 미국 대선 등에서는 AI 딥페이크가 허위 정보 유포에 악용되어 선거 공정성이 위협받기도 했다(고륜형, 2025.5.21; 성기노, 2025.2.5; 송성환, 2025.5.7). AI는 선거 운동의 효율성과 정밀성을 높이지만, 기술 남용에 대한 제도적·윤리적 통제와 후보자의 진정성, 인간적 소통의 보완이 반드시 병행되어야 한다. 공직 선거 후보자들이 AI를 적극적으로 활용하게 되면서 정확하지 않은 정보를 유권자에게 제공하거나 실제 후보자들의 정견과 다른 내용이 의도하거나 의도치 않게 전달될 수 있는 것이다. 이 문제는 '후보자 정체성'을 명확히 정의해야 왜곡 문제를 해결할 수 있다.

참고문헌

고륜형(2025.5.21). "[6·3 대선] 선거에 활용되는 AI, 정치적 목적 따라 악용 가능성…". 《인천일보》. https://www.incheonilbo.com/news/articleView.html?idxno=1289780

성기노(2025.2.25). "[AI와 정치] AI 딥페이크와 선거 조작은 민주주의의 새로운 위협". 《인더스트리뉴스》. https://www.industrynews.co.kr/news/articleView.html?idxno=60570

송성환(2025.5.7). "세계 선거 흔드는 AI 조작…한국 대선은 괜찮나". https://home.ebs.co.kr/ebsnews/menu1/newsAllView/60596731/H?eduNewsYn=N&newsFldDetlCd=CONTENT_05

심재우(2025.3.7). "AI가 이끄는 선거혁명: AI선거 올인원 솔루션, 14가지 기능과 양방향 소통". 《사례뉴스》. https://www.casenews.co.kr/news/articleView.html?idxno=17258

최혜린(2024.1.22). "오픈AI, 미 민주당 의원 '선거운동용 챗봇' 개발 금지". 《경향신문》. https://www.khan.co.kr/article/202401222132005

Manasa, G.(2020.11.30). How Mark Kelly used conversational AI to help win a Senate seat. VentureBeat. https://venturebeat.com/ai/how-mark-kelly-used-conversational-ai-to-help-win-a-senate-seat/

05
개인 정체성과 후보자 정체성

딥페이크 등 AI 기술이 공직 선거에 악용되면 심각한 문제를 발생시킬 수 있다. 공직 선거는 선거를 통해 국민 주권을 실현할 '사람'을 뽑는 것이고 그 사람의 말과 행동은 유권자들이 누구를 선택할지 결정하는 '판단 기준'으로 기능한다. 그렇다면 공직 선거 '후보자'는 과연 무엇으로 정의될 수 있는가? 이를 위해서는 우선 '개인'이 어떻게 정의되는지 살펴야 한다.

AI와 아이돌?

개인이란 무엇인가?

A가 있다. A는 하나의 인격체로서 '개인'이다. 개인으로서 A는 어떻게 정의될 수 있는가.

우리가 개인으로서 인간을 발견한 것은 얼마 되지 않는다. 서구 근대 이전의 사람은 '개인'이 아니라 '집단'의 부속물에 지나지 않았다.

17세기에 시작된 서양 근대성의 주된 특징 중의 하나는 '개인의 탄생'이고, 르네상스 이후에 등장한 새로운 인간에 대한 규정 중의 하나인 개인을 발견한 근대 철학자들은 개인을 어떻게 정의할 것인가에 대해 깊이 사유하였고, 개인의 개념에 대한 철학적인 토대를 확립하고자 노력했다(조원용, 2022). 근대적 자아(개인)의 형성 과정, 자기 인식, 자기표현, 인정의 필요성 등 '개인의 탄생'은 서구 사상과 사회에 커다란 영향을 미쳤다(Taylor, 1989).

데카르트(René Descartes)는 "나는 생각한다, 고로 존재한다(Cogito, ergo sum)"라는 명제로 근대적 주체, 즉 자기 자신에 대한 의식적 확신을 강조했고, 그는 개인의 '성찰성(reflexivity)'을 철학의 출발점으로 삼았으며, 외부 세계보다 자기 내면의 확실성을 중시했다(김상환, 2018).

개인의 정체성에 대한 논의는 데카르트를 지나 존 로크에 의하여 보다 깊게 진행되었다. 로크는 합리론의 진영에서 보편적인 근대적 주체를 확립한 데카르트와는 달리 개인의 자서전적인 '기억'에 기초한 새로운 근대적 주체 개념을 강조하였고, 자신의 새로운 근대적 주체 개념을 확립하기 위하여 인격 동일성의 문제를 심도 있게 다룬다. 로크에게서 인격의 동일성은 단지 데카르트에게서처럼 '논리적인 사유의 동일성'을 의미하는 것이 아니라 시간과 경험의 흐름 속에서 만들어지고 형성되어 나가는 동일성을 의미하고 이는 '기억'이 핵심이다(김옥경, 2015).

토머스 리드는 이에 한 발 더 나아가 '하나의 인격(person)으로서 나는 나의 사고와 신체의 변화와는 무관하게 통시적으로 동일하다'는 신념을 어떠한 증거나 정당화 없이 즉각적으로 믿게 되는 일종의 기초 신념으로 받아들인다(김종원, 2015).

로크와 달리 리드는 인간(man)과 인격이란 단어를 엄격하게 분리해서 쓰지 않는다. 리드의 저작 중에서 동일성에 관한 장에서나 자유와 책임에 관한 장을 살펴보면 인격과 인간 그리고 능동 주체(agent)를 구분하지 않은 채 혼용해서 사용한다.

정리하자면 데카르트가 개인 정체성을 '논리적 사유의 동일성'으로 본 것에서 한 발 더 나아가 로크는 '기억'이라는 개념을 추가했고, 리드는 '분할 불가능성(indivisibility)'이라는 새로운 개념을 제시하였다. 그간 리드의 견해를 '정신'적인 차원에서만 접근했으나, '정신'과 '신체' 모두 종합적으로 판단하는 것을 '정신과 신체의 통합적 단일체(an unified entity)'로 정리할 수 있을 것이다(조원용, 2022).

개인 정체성에 대한 개념이 정립되어야 개인인 '후보자'의 정체성을 정의할 수 있다.

안타깝게도 우리 헌법재판소는 "인격권을 권리 주체와 분리될 수 없는 인격적 이익의 향유를 내용으로 하는 권리로서 인격의 본질적인 가치의 총체"(김현귀, 2015)라는 단순한 개념만으로 판단하고 있다. 헌법 제10조의 인간의 존엄과 가치 및 행복 추구권이라는 거대한 포괄적 기본권에서 도출된 인격권은 개인을 개인으로 판단하여 구분할 수 있는 '정체성(identity)'과 적극적으로 연결될 수 있다. 정체성에 대한 판단과 관련하여 헌법재판소는 인격권과 관련된 양심의 자유에 대해 "기본권 체계 내에서 양심의 자유의 기능은 개인적 인격의 정체성과 동질성을 유지하는 데 있다"(헌재 2004.8.26. 선고 2002

헌가1)고 하면서 간단하게 '개인의 정체성'을 언급하고 있을 뿐이다. 헌법재판소는 공직 선거와 정당의 영역에서 "선거에 있어서는 헌법 제21조의 표현의 자유가 최대한 보장되어야 함은 두말할 나위가 없다"(헌재 2003.1.30. 선고 2001헌가4)고 보면서 "후보자는 선거권에게 자신을 자유롭게 알릴 수 있어야 하고 선거권자는 후보자에 관한 정보에 자유롭게 접근할 수 있어야 할 것"(헌재 1996.3.28. 선고 96헌마9등)이라는 수준에서 '정치적 정체성'을 언급한다.

딥페이크와 후보자 정체성

딥페이크가 공직 선거의 영역에서 문제 되는 것은 각각의 유권자가 어떤 '개인 정체성(personal identity)'을 가지고 있느냐의 문제가 아니다. 바로 내가 선택할 '후보자 정체성(candidate identity)'이 무엇인가의 문제다. 앞에서 살펴본 데카르트, 로크, 리드의 해석론을 개인 정체성이 아닌 후보자 정체성으로 전환하여 생각하면 유권자가 후보자 정체성을 판단하는 데 훌륭한 논거로 원용할 수 있다(조원용, 2022).

데카르트는 개인의 정체성을 '논리적 사유의 동일성'으로 판단했다. 즉, 유권자가 논리적 사유의 일관성을 유지한다면 후보자의 정체성을 동일하다고 판단할 수 있다는 것이다. 여기서 딥페이크가 침투할 가능성은 많지 않다. 로크는 데카르트의 견해에 덧붙여 개인 정체성을 판단하는 데 '기억'이라는 요소를 도입한다. 즉, 어떠한 후보자가 과거에 A라고 행동한 것을 유권자가 기억하고 있다면 그 후보자를 동일한 후보자로 판단할 수 있는 것이다. 딥페이크는 이 기억을 왜곡시킬 수 있다. 후보자가 수년 전 행한 정치적 발언이나 영상을 조작할 경우, 유권자는 후보자가 과거에 A라고 행동한 것이 아니라 B라고 행동한 것이라고 믿고 지지 여부를 바꿀 수 있기 때문이다.

리드는 여기서 한 발 더 나아가 '분할 불가능성(indivisibility)'을 이야기한다. 여기서 분할 불가능성이란 정신과 신체 모두를 의미한다. 이를 공직 선거 과정에 투영해 보자. 유권자가 후보자 A를 후보자 A로 인식하여 투표를 '결정'하는 일련의 행위는 후보자 A의 논리적 사유가 동일하다는 이유거나 후보자 A를 장시간 관찰하여 유권자의 기억에 '어떠어떠한 사람'이라는 가치 판단에 의하여 결정되지'만'은 않는다. 보다 고차원적이고 복잡한 사고의 흐름을 통해 유권자는 후보자를 결정한다. 예를 들어, 유권자가 후보자 A에게 투표하기로 결정한 경우 후보자 A의 목소리, 말투, 생김새, 출신 지역, 과거 이력 등 모든 것을 '종합적'으로 판단하게 된다. 즉, '정신과 신체의 통합적 단일체'인 후보자 A를 선택하는 것이다(조원용, 2022).

딥페이크가 유권자가 종합적으로 판단하는 이 영역의 어딘가를 거짓으로 만든다면 후보자 A의 개인 정체성, 후보자 정체성이 침해되는 것이고 이는 유권자의 '판단력'에 영향을 미쳐 결국 선거 결과의 왜곡을 낳을 수 있다. 선거권자가 후보자를 선택하는 선거 영역에서 '후보자의 인격 동일성'의 문제는 후보자 입장에서는 '논리적 사유의 동일성' 문제로 귀결될 것이고, 이에 대한 판단을 하는 선거권자 입장에서는 '후보자의 논리적 사유의 동일성'과 함께 기표 당시까지 이어지는 후보자의 인격 동일성에 대한 기억이 중요해질 것이다. 후보자의 논리적 사유의 동일성과 선거권자의 후보자에 대한 기억이 선택의 기준으로 작용하는 것이다. 따라서 선거 영역에서 딥페이크의 문제는 후보자에 대한 논리적 사유의 동일성에 대한 손상을 가하거나 선거권자의 후보자에 대한 기억을 왜곡하는 방식으로 도출될 것이다. 결국 '후보자 정체성'은 "유권자가 후보자를 선택하는 판단력에 영향을 미치는 일체의 행위"로 정의할 수 있으며 이는 '개인 정체성'이 선거 영역에 발현된 개념임을 명확히 한다. 즉, 유권자가 후보자 A를 A로 인식하는 행위 자체가 후보자 정체성의 핵심이다(조원용, 2022).

참고문헌

김상환(2018). 《근대적 세계관의 형성: 데카르트와 헤겔》. 에피파니.

김옥경(2015). "로크에서 기억과 근대적 개인의 자기정체성". ≪철학논집≫, 42, 261~289쪽.

김종원(2015). "리드의 인격 개념". 《철학탐구》, 39, 133~157쪽.

김현귀(2015). 《법인의 인격권》. 헌법재판소 헌법재판연구원.

조원용(2022). "공직선거에서 딥페이크(Deepfake) 악용에 대한 입법적 대응의 필요성-후보자 정체성 정의와 미국 입법사례를 중심으로-". 《공법연구》, 50(3), 153~187쪽.

Taylor, C.(1989). *Sources of the self: The making of the modern identity*. Harvard University Press.

06
공직 선거에서 딥페이크 악용 사례

딥페이크는 국내외 공직 선거에서 이미 악용되고 있다. 선거에 영향을 미칠 목적으로 악용되고 있는 딥페이크의 실제 사례를 구체적으로 살펴본다. 또한, 앞으로 공직 선거에서 나타날 수 있는 딥페이크를 통한 왜곡의 양태를 제시해 본다.

AI와 야구?

딥페이크 국내 사례

제8회 전국동시지방선거를 하루 앞둔 5월 31일, 윤석열 대통령이 국민의힘 남해군수 후보 박영일의 선거 운동 동영상에 등장하여 "박영일 남해군수와 함께하겠다"는 메시지를 전하는 딥페이크 영상이 SNS를 통해 확산된 사건이 발생했다. 실제로 윤 대통령은 해당 후보를 공식적으로 지지한 적이 없었으나, 영상이 퍼지면서 유권자들은 대통령이 특정 후보를 지지한다고 오인할 수 있었다. 이로 인해 후보자 정체성 왜곡과 유권자 판단력 손상 문제가 제기됐다(장한일, 2022; 홍국기 · 이정현, 2024.2.19). 이는 개별 후보자가 당선 목적으로 실제 지지 의사를 밝히지 않은 대통령이 자신을 지지하는 것처럼 딥페이크 동영상을 제작하여 SNS에 게시한 대표적인 사례다. 영상이 퍼진 뒤 대통령실과 박 후보 측은 당사자들과 무관하게 제작된 것임을 밝혔고, 경남선거관리위원회는 선거법에 저촉되지 않는 것으로 판단했다. 이 사건은 선거 전 혼선을 빚고 일시적으로 대통령 탄핵 논란이 번지기도 했으나, 공식적으로 법적 처벌이나 추가 제재로 이어지지 않았다(전병권, 2023.12.18).

2024년 2월 제22대 국회 의원 총선거를 앞두고 중앙선거관리위원회는 129건의 딥페이크 선거 운동 사례를 적발했는데 유명 정치인의 얼굴을 '페이스 스왑'(face swap)을 통해 다른 영상에 합성하고, 실제 정치인의 목소리를 AI로 입혀 특정 후보자를 비방하거나 조롱하는 영상을 유튜브 등 플랫폼에 게시하는 식이었다. 예를 들어, 두 명의 정치인이 총선 출마자를 공개적으로 비난하는 듯한 짧은 영상[쇼츠(Shorts)]이나 후보자가 하지 않은 발언이나 행동을 실제 영상처럼 합성해, 마치 본인이 직접 말하거나 행동한 것처럼 보이게 만든 게시물이 다수 적발됐다(조권형, 2024.2.19). 실존하지 않는 인물의 딥페이크 이미지를 활용해 특정 정당과 후보자의 선거운동 메시지를 전파하고(홍국기 · 이정현, 2024.2.19), 후보자가 직접 등장해 자신을 비난하거나, 국회로 보내달라며 지지를 호소하고 세배하는 등 실제로는 없었던 선거 운동 영상을 AI로 제작해 유포한 경우도 있다. 이런 영상은 후보자 정체성을 교란하고 유권자의 판단을 흐리게 한다(박성동, 2024.2.27). 정치인의 얼굴과 목소리를 AI로 합성해 경쟁 후보의 범죄 연루 의혹이나 논란성 발언을 사실처럼 꾸민 영상도 적발됐다. 이는 유권자에게 허위 정보를 제공해 선거의 공정성을 훼손할 우려가 크다(조권형, 2024.2.19).

2025년 6 · 3 대통령 선거를 앞두고, 더불어민주당 이재명 예비 후보가 김혜경 여사에게 욕설을 하는 내용의 딥페이크 영상이 만들어져 유포를 시도한 사건이 발생했다. 선대위는 해당 영상 유포 시 법적 대응을 예고했다. 딥페이크 영상은 후보가 실제로 하지 않은 발언이나 행동을 사실처럼 보이게 하여 후보자 정체성을 심각하게 훼손한다. 이외에도 후보가 수의를 입거나 유치장에 갇혀 있는 모습의 합성 사진, 경쟁 후보를 비방하는 가짜 음성 · 영상 등이 SNS[틱톡(Tiktok), 인스타그램(Instagram) 등]에서 빠르게 확산되었고(이동환, 2025.4.13; 조성미, 2025.4.14), 틱톡 등 플랫폼에 '차기 대통령 선거 여권 후보 최강 라인업'이라는 제목으로 국민의힘 대선 경선 후보, 서울시장, 개혁신당 의원 등 범여권 주자 7명을 희화화한 딥페이크 영상이 확산되었다. 영상 하단에 '상상력에 기반해 만든 AI 가상 영상입니다'라는 문구가 있지만 특정 진영 인물을 조롱하거나 왜곡하려는 의도가 명확했다(여다정, 2025.5.3). 이런 영상은 후보자와 정당의 이미지에 혼란을 주고, 유권자 판단력에 손상을 야기할 수 있다. AI 기술 발전으로 고령층까지도 쉽게 영상 합성이 가능해졌고, 딥페이크 조작물은 선거 기간 한번 퍼지면 걷잡을 수 없다(김보연, 2025.4.15; 이동환, 2025.4.13).

딥페이크 해외 사례

2024년 1월 미국 뉴햄프셔주 예비 경선 직전, AI로 생성된 조 바이든(Joe Biden) 대통령의 가짜 음성 전화가 민주당 유권자들에게 발송됐다. 이 전화는 실제 바이든 대통령의 말투와 목소리를 정교하게 모방해 "11월 대선을 위해 표를 아끼라"며 예비 경선 투표를 하지 말라고 유도했다. 미국 연방통신위원회는 해당 정치 컨설턴트에게 82억 원의 벌금을 부과했다(김보연, 2025.4.15; 이동환, 2025.4.13). 이 사건은 실제 투표 참여를 방해하고 유권자 판단력에 혼란을 준 대표적 딥페이크 선거 개입 사례다. 2024년 대선을 앞두고 도널드 트럼프 후보 지지자들은 흑인 유권자들이 트럼프를 지지하는 것처럼 보이도록 AI로 가짜 이미지를 대량 생성·공유했다. BBC(British Broadcasting Corporation) 파노라마 팀은 흑인들이 트럼프 후보를 지지하는 듯한 딥페이크 이미지 수십 장을 발견했다. 이 이미지는 트럼프가 흑인 사회에서 높은 지지를 받는다는 내러티브를 조작하는 데 활용됐다(마리아나 스프링, 2024.3.6). 2024년 미국 대선에서는 카멀라 해리스(Kamala Harris) 부통령이 맥도날드(McDonald's)에서 일한 적 있다는 조작된 이미지, 트럼프 암살 시도에 관한 음모론 등 AI로 생성된 허위 정보와 이미지가

SNS를 통해 빠르게 퍼졌다(스티비, 2024.11.4). 정치적 메시지와 허위 정보가 결합해 유권자 판단에 혼선을 주는 사례가 반복적으로 발생했다.

유럽에서도 여러 방식의 딥페이크가 AI 기술로 창작되어 유권자의 후보자 정체성 판단에 왜곡을 초래했다. 2023년 5월 튀르키예 대통령 선거 결선 투표 2주 전, 에르도안 대통령은 자신의 지지자들에게 튀르키예 분리주의 단체 쿠르드노동자당(PKK)이 클르츠다로을루 상대 후보를 지지하는 노래를 부르는 영상을 보여 줬다. 이 영상은 AI로 생성된 가짜였으며, 클르츠다로을루 후보는 배후에 러시아가 있다고 비난했다. 해당 영상은 선거 판세에 영향을 미쳤고, 결과적으로 에르도안 후보가 승리했다(성기노, 2025.2.25).

2024년 유럽 의회 선거를 앞두고 프랑스, 독일, 폴란드 등에서는 주요 정당 후보의 발언이나 정책을 조작한 딥페이크 영상이 SNS와 메시지 앱을 통해 유포됐다. 프랑스에서는 극우 정당 후보가 난민 혐오 발언을 하는 가짜 영상이 돌았고, 독일에서는 녹색당 후보가 러시아와 내통하는 듯한 영상이 퍼졌다. 해당 영상은 극우 성향 커뮤니티와 일부 러시아어 채널에서 확산되었고, 녹색당의 대러 정책에 대한 신뢰를 떨어뜨리려는 의도가 있었다. 독일 선거관리당국과 언론은 이 영상이 AI 기반 딥페이크임을 확인하고 신속히 삭제 조치했으나 일시적으로 유권자 사이에 혼란과 불신을 야기했다. 유럽 각국 선관위와 정부는 딥페이크 선거 운동을 금지하거나 AI 생성물임을 표시하도록 규제하고 있다(성기노, 2025.2.25; 이동환, 2024.4.23).

대통령 선거 딥페이크 왜곡 예시

중앙선거관리위원회가 21대 국회 의원 총선거 이후 실시한 유권자 의식 조사에 따르면 유권자 29.8%가 후보자의 인물, 능력, 도덕성을 가장 중요한 판단 기준으로 삼는다. 대선 후보 A가 경쟁 후보 B를 향해 심각한 욕설을 퍼붓는 듯한 딥페이크 음성·영상이 SNS와 포털, 유튜브 쇼츠, 인스타그램 릴스(Reels) 등에서 동시다발적으로 퍼진다. 영상에는 후보 A의 얼굴 표정, 입 모양, 억양까지 실제와 구별하기 힘들 정도로 정교하게 합성되어 있다. 이 영상은 특히 40~60대 유권자들이 주로 사용하는 포털과 인터넷 뉴스 댓글, 지역 커뮤니티에 집중적으로 유포된다. 실제로는 후보 A가 그런 발언을 한 적이 없지만 영상은 빠르게 확산되고, 후보 A의 인성·도덕성에 대한 신뢰가 무너진다. 일부 유권자는 "저런 사람이 대통령이 되면 안 된다"며 투표를 포기하거나, 경쟁 후보를 지지하는 쪽으로 마음을 바꾼다. TV 뉴스에서는 해당 영상이 '가짜'임을 보도하지만, 이미 인터넷을 통해 퍼진 영향이 커 유권자 판단력에 심각한 혼란을 준다. 이와 반대로 후보 A가 실제로 욕설을 했음에도 이 영상이 딥페이크로 조작된 영상이라고 주장할 수도 있다.

후보 B가 특정 외국 정상과 비밀 회담을 하는 장면이 딥페이크로 제작되어 '후보 B, 외국 정부와 내통 의혹'이라는 제목의 영상이 퍼진다. 영상에는 후보 B가 중국이나 러시아 대통령과 악수하며 "한국의 안보는 우리 손에 달렸다"고 말하는 장면이 들어간다. 이 영상은 텔레그램(Telegram), 카카오톡 오픈채팅방, 유튜브 등에서 확산된다. 특히 20~30대 젊은 유권자들이 많이 이용하는 온라인 커뮤니티와 SNS에서 "후보 B가 국가 안보를 팔아먹었다"는 여론이 형성된다. 실제로는 후보 B가 해당 정상과 만난 적도, 그런 발언을 한 적도 없다. 그러나 영상이 사실처럼 받아들여져 후보 B의 외교·안보 정책에 대한 불신이 커지고, 유권자들은 국가관을 기준으로 투표 결정을 바꾼다.

후보 C가 대규모 유세 현장에서 "증세 없는 복지는 불가능하다"며 기존의 무증세 복지 공약을 번복하는 듯한 딥페이크 영상이 유포된다. 영상은 후보 C의 실제 유세 장면에 AI로 합성된 음성과 입 모양이 들어가 있다. 이 영상은 네이버(Naver), 다음(Daum) 등 포털 메인 뉴스, 각종 지역 맘카페, 페이스북 선거 관련 그룹에 퍼진다. 30~50대 중산층과 자영업자 유권자들은 "후보 C가 공약을 손바닥 뒤집듯 바꾼다"며 정책 신뢰성을 의심한다. 실제로 후보 C는 그런 발언을 한 적이 없으나 영상이 확산된 뒤 정책 토론회에서 계속 해명해야 했고, 정책 신뢰성에 타격을 입는다.

후보 D가 특정 소수자 집단을 비하하는 발언을 하는 딥페이크 영상이 각종 SNS에서 확산된다. 영상에는 후보 D가 "이 나라에는 장애인, 성소수자, 이주민이 설 자리가 없다"는 자극적인 발언을 하는 장면이 담겨 있다. 해당 후보와 정당은 평소 포용적 정책을 강조해 왔으나 영상이 빠르게 퍼지면서 소수자 단체, 인권 단체, 2030 유권자들이 후보 D와 정당에 대한 지지를 철회한다. 언론과 팩트 체크(fact check) 기관이 영상이 가짜임을 밝혔으나, 이미 퍼진 여론을 되돌리기 어렵다.

후보 E가 범죄 연루 사실을 시인하는 듯한 딥페이크 인터뷰 영상이 포털, 유튜브, 페이스북 등에 퍼진다. 영상에는 후보 E가 "나는 과거에 불법 정치 자금을 받은 적이 있다. 국민께 죄송하다"는 멘트를 말하는 장면이 들어가 있다. 실제로는 후보 E가 그런 인터뷰를 한 적이 없고, 수사 기관에서도 혐의가 없다고 결론 내렸으나, 영상이 확산된 뒤 유권자들은 후보 E의 도덕성에 심각한 의문을 갖고, 투표에서 후보 E를 배제한다. 특히 50대 이상 유권자들은 TV보다는 포털, 카카오톡, 지역 커뮤니티를 통해 영상을 접하고, 소문이 빠르게 퍼진다.

국회 의원 선거 딥페이크 왜곡 예시

선거 운동 마지막 주말, 비례 대표 후보 A가 특정 소수자 집단을 비하하는 발언을 하는 딥페이크 영상이 카카오톡 그룹 채팅방, 지역 맘카페, SNS에 폭발적으로 확산된다. 영상에는 후보 A가 "이 나라에 장애인과 이주민이 설 자리가 없다"는 자극적인 멘트를 말하는 장면이 담겨 있다. 선거일까지 48시간도 채 남지 않은 시점에 영상이 퍼지면서 소수자 단체와 인권 단체, 젊은 유권자들이 해당 정당에 대한 지지를 철회한다. 영상이 가짜임을 밝혀내려 했으나, 선거일이 임박해 언론과 선관위의 검증이 물리적으로 불가능하고, 선거가 끝난 뒤에야 합성임이 밝혀진다. 이미 결과는 뒤집을 수 없다.

지역구 후보 B가 지역 상인들과 만난 자리에서 "이 동네 상인들은 세금만 축내는 존재"라고 말하는 딥페이크 음성·영상이 유포된다. 영상은 지역 밴드, 포털 지역 뉴스, 유튜브 쇼츠, 페이스북 그룹 등에서 빠르게 번진다. 선거 운동 기간이 짧고, 영상이 실제 상인 모임 현장과 너무 흡사하게 합성되어 지역 상인회와 주민들이 즉각적으로 반발한다. 후보 B와 캠프는 즉각 해명에 나서지만 딥페이크임을 입증할 기술적·시간적 여유가 없어 오해가 누적된다. 선거가 끝난 뒤에야 전문가 감정으로 합성임이 밝혀지지만 이미 후보 B는 낙선한다.

비례 대표 후보 C가 TV 토론에서 "기초연금 전면 폐지"를 주장하는 듯한 딥페이크 영상이 네이버, 다음 등 포털 뉴스와 실버카페, 노인회 밴드, 지역 SNS에 퍼진다. 고령 유권자들은 "C 정당이 노인 복지를 없애려 한다"며 투표를 포기하거나 경쟁 정당으로 이동한다. 선거 운동 마지막 이틀 동안 영상이 퍼져 선관위와 언론이 사실을 확인할 시간도 없이 선거가 끝난다. 선거 후에야 영상이 정교한 딥페이크임이 드러나지만 이미 투표 결과는 바뀌지 않는다.

지역구 후보 D가 경쟁 후보와 내통해 불법 정치 자금을 수수하는 장면이 담긴 딥페이크 영상이 유포된다. 영상에는 후보 D와 경쟁 후보가 현금을 주고받으며 "이 돈으로 선거를 이기자"는 대사가 들어가 있다. 영상은 텔레그램, 유튜브, 페이스북 등에서 확산되고, 지역 커뮤니티에서는 "둘 다 부패했다"는 여론이 형성된다. 선거 운동 마지막 날 밤에 영상이 퍼져 선관위와 언론이 검증할 시간도 없이 투표가 진행된다. 선거 후 전문가 분석으로 합성임이 밝혀지지만, 이미 두 후보 모두 낙선한다.

비례 대표 후보 E가 사적인 술자리에서 "국민은 어차피 우리를 찍을 수밖에 없다"며 유권자를 무시하는 발언을 하는 딥페이크 영상이 인스타그램, 틱톡, 지역 커뮤니티, 포털 뉴스 댓글 등에서 빠르게 확산된다. 영상은 실제 술자리 사진을 바탕으로 제작되어, 주변 인물과 배경까지 정교하게 합성되어 있다. 선거 운동 종료 직전 퍼져 선관위와 언론이 영상의 진위를 확인할 시간적 여유가 없고, 유권자들은 후보 E의 인성에 대한 신뢰를 잃는다. 선거가 끝난 뒤에야 영상이 조작임이 드러나지만 이미 유권자 판단력은 되돌릴 수 없다.

이 사례들은 선거 기간이 짧고, 딥페이크는 기존 가짜뉴스와 달리 전문가조차 즉각 구별이 어려워 선거가 끝난 후에도 검증이 쉽지 않다는 점을 강조한다. 실제로 딥페이크의 확산 속도가 팩트 체크 · 삭제 · 공식 해명보다 훨씬 빠르기 때문에 유권자 판단력에 치명적 손상을 남긴다.

참고문헌

김민정(2024.1.23). ""경선 투표 말라" 바이든 가짜 전화…선거판 흔드는 딥페이크". 《중앙일보》. https://www.joongang.co.kr/article/25223972

김보연(2025.4.15). ""6·3 대선, 딥페이크와의 전쟁이 시작됐다."". 《아시아타임즈》. https://www.asiatime.co.kr/article/20250414500331

김주환(2024.9.6). "[단독] 총선 때도 만연했던 딥페이크… 25%는 여전히 온라인 떠돌아". 《서울신문》. https://www.seoul.co.kr/news/society/2024/09/06/20240906010002

마리아나 스프링(2024.3.6). "AI가 생성한 '가짜 이미지'로 흑인 유권자 공략하는 트럼프 지지자들". 《BBC News 코리아》. https://www.bbc.com/korean/articles/c29wl2kp7nyo

박성동(2024.2.27). "'딥페이크' 선거운동, 최대 징역 7년… 과잉 입법 지적도". 《한국기자협회》. https://journalist.or.kr/m/m_article.html?no=55321

성기노(2025.2.25). "[AI와 정치] AI 딥페이크와 선거 조작은 민주주의의 새로운 위협". 《인더스트리뉴스》. https://www.industrynews.co.kr/news/articleView.html?idxno=60570

송성환(2025.5.7). "세계 선거 흔드는 AI 조작…한국 대선은 괜찮나". https://home.ebs.co.kr/ebsnews/menu1/newsAllView/60596731/H?eduNewsYn=N&newsFldDetlCd=TARGET_01

스티비(2024.11.4). "미국 대선 D-1: AI 딥페이크가 부른 혼란과 IT 산업의 과제". https://insungit.stibee.com/p/113/

심재우(2025.3.7). “AI가 이끄는 선거혁명: AI선거 올인원 솔루션, 14가지 기능과 양방향 소통”. 《사례뉴스》. https://www.casenews.co.kr/news/articleView.html?idxno=17258

여다정(2025.5.3). “빠른 대선에 규제 공백...딥페이크 이어 칩페이크가 선거판 흔든다”. 《주간조선》. https://www.chosun.com/weekly/politics/2025/05/04/QNLF2GLH4ZE5JGCEE3VNF6KWPU/

오일석(2024). “딥페이크(Deep Fake)에 의한 민주적 정당성의 왜곡과 대응 방안”. 국가안보전략연구원.

이동환(2025.4.13). “누구나 후보 사진·영상 뚝딱…6·3 대선 ‘딥페이크 주의보’”. 《연합뉴스》. https://www.yna.co.kr/view/AKR20250410158900004

이지나(2025). “딥페이크 규제의 법적 대응과 정책적 방향－미국 사례를 중심으로 한 한국의 개선 방안 모색－”. 《언론과 법》, 24(1), 241～269쪽.

장한일(2022). “AI 딥페이크 제작물이 선거에 끼치는 영향”. 《2024 봄호 KIPA 규제동향》, 30～33쪽.

전병권(2023.12.18). “내년 총선 90일 전 ‘AI 윤석열’ 사용금지 유력”. 《남해시대》. http://www.nhtimes.co.kr/news/articleView.html?idxno=61777

조권형(2024.2.19). “총선 다가오면서 ‘딥페이크’ 게시물 기승...선관위, 129건 적발”. 《동아일보》. https://www.donga.com/news/Politics/article/all/20240219/123589969/1

조성미(2025.4.14). “딥페이크 선거 영상, 조금이라도 오인 가능성 있다면 법 위반”. 《연합뉴스》. https://www.yna.co.kr/view/AKR20250414028900017

최진웅(2022). “인공지능(AI) 기술 기반 딥페이크 선거운동의 해외 입법동향과 시사점”. 국회입법조사처.

홍국기·이정현(2024.2.19). “총선 앞두고 금지된 딥페이크 선거 게시물 활개”. 《연합뉴스》. https://www.yna.co.kr/view/AKR20240219002700017

07
공직 선거에서 딥페이크 악용 방지 방안

딥페이크가 유권자의 판단력에 영향을 미치는 국내외 실제 사례를 살폈다. 그리고 대통령 선거와 국회 의원 선거를 중심으로 딥페이크를 통해 후보자 정체성을 훼손할 수 있는 것을 상상해 봤다. 공직 선거에서 딥페이크의 악용을 방지하기 위한 4가지 방안을 제시해 본다.

AI와 윤동주?

공직 선거에서 딥페이크를 차단하고 유권자의 판단력과 선거의 신뢰를 보호하기 위해 다음 네 가지 방안을 제안한다.

기술적 차단 방식

딥페이크 영상·음성 등 생성물에 인식 가능한 워터마크(watermark), 메타데이터(metadata) 삽입 등 기술적 식별 장치를 의무화한다. 소셜 플랫폼 사업자와 포털, 인터넷 커뮤니티 등은 업로드 단계에서 AI 기반 딥페이크 탐지 시스템을 도입해 의심되는 콘텐츠를 자동으로 차단하거나 경고 표시를 부착하도록 한다. 실제로 워터마크, 메타데이터 등 기술적 식별 방안의 필요성은 국내외에서 꾸준히 제기되고 있다(김희정, 2024.10.13; 김재권, 2022; 최진웅, 2022). 딥페이크의 기술적 차단 방식은 인공지능 기반 탐지 기술, 워터마크·메타데이터 삽입, 플랫폼 자동 필터링 등 다양한 기술이 복합적으로 적용되는 방식이다. 최근에는 사람의 눈으로는 구별이 거의 불가능한 수준의 딥페이크 영상과 음성이 생성되고 있어 AI 딥러닝 모델을 활용해 영상·음성·이미지의 픽셀, 프레임, 주파수, 노이즈 등 세부 신호를 정밀하게 분석해 진위 여부를 판별한다. 예를 들어 인텔(intel)의

페이크캐처(FakeCatcher)는 영상 내 인물의 미세한 혈류 신호까지 분석해 96% 이상의 정확도로 진짜와 가짜를 실시간 구분한다. 국내에서는 딥브레인AI(DeepBrainAI)와 경찰청이 협력해 영상과 음성 모두를 5~10분 내로 판별하는 탐지 설루션을 도입했고, 한국인 데이터 세트를 중심으로 탐지 정확도를 높이고 있다.

AI 탐지기는 딥페이크로 의심되는 영상이나 이미지가 플랫폼에 업로드되면 자동으로 분석해, 변조율과 합성 유형 등 세부 정보를 판별하고, 가짜로 확인될 경우 즉각적으로 'Fake'로 표시하거나 차단한다. 생성 단계에서부터 AI가 워터마크나 메타데이터(생성 도구, 일시, 생성자 등)를 삽입해, 플랫폼과 수사 기관이 추적 · 식별할 수 있도록 한다. 또한, 카이스트 등에서는 이미지나 영상에 미세한 노이즈를 삽입해 딥페이크 생성 자체를 방해하는 기술도 개발되고 있다.

이러한 탐지 · 차단 기술은 유튜브, 틱톡 등 주요 플랫폼과 포털에서 업로드 단계에 적용되어 의심 콘텐츠를 자동으로 걸러 내거나 경고 표시를 부착한다. 동시에 신고 시스템과 연계해 신속한 삭제, 모니터링이 가능하도록 한다. 최근에는 한국인 얼굴 데이터, 아시아 계열 데이터 등 지역 특화 데이터 세트를 활용해 탐지 정확도를 높이고, 누구나 이용할 수 있는 웹 기반 설루션이나 소프트웨어 기반 서비스(SaaS, Software as a Service) 형태로 제공하는 추세다. 딥페이크의 실시간 식별, 추적, 차단을 통해 사회적 피해와 선거 왜곡을 최소화하는 것이 기술적 차단 방식의 핵심이다. 그러나 당연히 중요한 대안이지만 이 대안은 치명적인 한계가 존재한다. 탐지 기술 등은 딥페이크 기술에 선행하여 개발될 수 없다는 것이다.

3단계 책임·처벌 체계

딥페이크 생성 프로그램 제작 회사, 소셜 플랫폼 사업자, 허위 조작 정보 작성자 모두를 3단계로 분리해 책임과 처벌을 명확히 해야 한다.

딥페이크 생성 툴 제공자는 선거 관련 허위 조작 정보 생성 방지 기능(예: 선거 기간 자동 차단, 워터마크 의무화 등)을 탑재하도록 해야 하고, 플랫폼 사업자는 딥페이크 식별 · 차단 시스템을 설치하고, 미조치 시 법적 책임을 지도록 강제해야 한다. 실제 허위 조작 딥페이크를 제작 · 유포한 작성자는 현행 허위사실공표죄보다 훨씬 강화된 처벌을 받도록 해야 한다. 우리 선거 역사에서는 '김대업'이라는 슬픈 사례가 존재함을 잊지 말아야 한다.

김대업 사건은 2002년 제16대 대통령 선거를 앞두고 벌어진 대표적인 허위 폭로(가짜 뉴스) 정치 공작 사건이다. 당시 의정(의무) 부사관 출신이었던 김대업은 한나라당 이회창 후보의 두 아들이 병역 비리를 저질렀다는 의혹을 제기했다. 그는 2002년 5월 오마이뉴스(OhmyNews)를 통해 "이회창 후보 측이 아들의 병역 비리 은폐를 위한 대책 회의를 가졌다"고 주장했고, 7월에는 기자 회견을 열어 이회창 후보 아들의 병역 비리 의혹을 담은 녹음테이프가 있다고 밝혔다. 이 녹음테이프는 후에 검찰 조사에서 위조된 것으로 드러났다.

당시 언론들은 김대업의 주장을 별다른 검증 없이 연일 대서특필했고, 특히 KBS 등 주요 방송사에서 이 사건을 80여 차례나 집중 보도했다. 민주당 등 여권은 이회창 후보 아들의 병역 비리를 집중적으로 공격하며 선거 이슈로 쟁점화했다. 이로 인해 한때 1위를 달리던 이회창 후보의 지지율은 단기간에 11~12% 폭락했고, 결국 근소한 차이로 노무현 후보가 대통령에 당선되는 데 결정적 영향을 미쳤다는 평가가 많다(김승현, 2021.6.23).

대선이 끝난 후 김대업은 명예 훼손, 무고, 공무원 자격 사칭 등 혐의로 구속 기소돼 실형을 선고받고 복역했다. 대법원은 2004년 김대업의 허위 사실 유포와 오마이

뉴스의 보도에 대해 유죄를 확정했다. 이후 김대업은 해외로 도피했다가 2019년 필리핀에서 체포되어 국내로 송환되기도 했다.

이 사건은 언론의 무분별한 받아쓰기 보도, 허위 폭로의 정치적 악용, 선거판을 뒤흔든 가짜 뉴스의 대표적 사례다. 김대업 사건은 시간이 지난 후 진실 여부를 밝힐 수 있는 가짜 뉴스지만 짧은 공직 선거 기간에 강력한 영향력을 발휘했다. 딥페이크는 공직 선거 기간이라는 짧은 기간 안에 진실 여부를 검증하기에 불가능에 가까워 김대업 사건보다 훨씬 문제가 심각할 수 있기에 보다 강력한 예방책이 반드시 필요하다.

이와 같은 다층적 책임·처벌 체계의 필요성은 미국, 유럽 등 해외 입법례와 국내 논문에서 반복적으로 강조되고 있는 것은 우연이 아니다(조원용, 2022; 최진응, 2022; 허순철, 2022).

'SNS 책임자' 지정 의무화

공직선거법에서 선거 사무장, 회계 책임자가 징역형 또는 300만 원 이상 벌금형의 선거를 받은 경우 후보자가 당선 무효(공직선거법 제263조, 265조)가 되는 것처럼 선거 캠프마다 'SNS 책임자'를 지정하도록 의무화해 해당 책임자가 캠프 안팎 SNS, 인터넷, 커뮤니티, 유튜브 등에서 딥페이크 등 허위 조작 정보 유포를 사전에 점검·관리하도록 하는 방안을 생각해 볼 수 있다. 공직선거법 제263조(선거 비용의 초과 지출로 인한 당선 무효)와 제265조(선거사무장 등의 선거 범죄로 인한 당선 무효)는 1994년 3월 16일 제정된 "공직선거 및 선거부정방지법"(법률 제4739호)에서 처음 도입되었고, 1994년 3월 24일 "공직선거법"이 별도로 제정·시행되면서 현행 조문 체계로 계승·정비된 것이다. 선거 사무장, 회계 책임자 등 선거 캠프의 핵심 인력이 후보자의 당선을 위해 저지른 중대한 선거 범죄(선거 비용 초과 지출, 매수, 기부 행위, 정치 자금법 위반 등)에 대해 직접 행위자가 아닌 후보자에게도 당선 무효라는 무거운 연대 책임을 부과함으로써 선거의 공정성과 청렴성을 확보하고, 후보자와 선거 캠프가 선거법 준수에 대해 실질적이고 강력한 내부 통제와 책임을 다하도록 유도하는 데 입법 목적이 있다.

SNS 책임자가 딥페이크 유포에 연루되거나 관리 소홀로 인한 선거법 위반이 적발될 경우, 회계 책임자와 동일하게 당선 무효 등 강력한 제재를 받게 한다. 이 방안은 아직 국내외에서 구체적 입법으로 도입된 예는 없으나,

선거 캠프의 책임성 강화를 위한 현실적 대안으로 논의가 필요하다(조원용, 2022; 최진웅, 2022). 후보자 캠프 내부적 통제의 강화 방안이다.

화폐위조죄 수준의 중대 범죄로 처벌

주요국에서 화폐위조죄는 매우 엄격하게 처벌된다. 한국의 경우, 형법 제207조에 따라 행사할 목적으로 대한민국의 화폐, 지폐 또는 은행권을 위조하거나 변조한 자는 무기 또는 2년 이상의 징역에 처한다. 이 죄는 벌금형 없이 오직 중형 이상의 실형만 가능하며, 위조지폐를 행사하지 않고 단순히 소지하거나 준비·음모만 해도 별도의 처벌 규정이 적용된다. 위조된 화폐를 알면서 취득하거나 사용한 경우에도 각각 5년 이하의 징역 또는 벌금, 2년 이하의 징역 또는 벌금 등으로 엄격하게 다스린다(형법 제207조).

미국, 독일, 일본 등 주요국도 유사하게 화폐위조죄를 중범죄로 규정한다. 미국 연방법(United States Code, Title 18, Section 471∼474)에 따르면, 미국 화폐(지폐, 동전 등)를 위조하거나 변조한 자는 최대 무기 징역까지 선고할 수 있다. 특히, 위조 화폐를 제조한 경우에는 무기 징역, 유통시켰을 경우에는 15년 이상의 징역에 처할 수 있고 위조 화폐를 유통·행사한 경우 20년 이하의 징역형에 처할 수 있다. 독일도 독일 형법(StGB) 제146조~제149조에 따라 독일 화폐를 위조하거나 위조 화폐를 행사한 경우 1년 이상의 징역에서 무기 징역까지 처벌 가능하여 위조 및 유통 모두 1년 이상의 징역, 중대 범죄는 무기 징역까지 가능하다. 일본 형법 제148조~153조에 따르면 일본 화폐를 위조하거나 변조한 경우 무기 또는 3년 이상의 징역에 처한다. 외국 화폐 위조는 2년 이상 유기 징역에 처한다.

이처럼 각국에서 화폐위조죄를 강하게 처벌하는 이유는 화폐가 국가 경제의 근간이자 사회 신뢰의 기초기 때문이다. 위조지폐가 유통되면 통화의 신용이 훼손되고, 경제 질서와 금융 시스템 전반에 심각한 혼란이 발생한다. 화폐의 가치는 국가와 사회 전체의 신뢰에 기반하고 있어 이를 위조하는 행위는 단순한 재산 범죄를 넘어 사회 질서와 국가 경제의 근본을 파괴하는 중대한 범죄로 간주된다. 따라서 위조지폐 범죄는 미수에 그쳤더라도, 또는 행사 목적이 아니더라도 엄격하게 처벌하며, 벌금형 없이 실형만 가능하도록 하는 등 특별히 중하게 다스린다는 것이다. 선거에서 딥페이크는 후보자의 정체성에 대한 중대한 훼손이고 민주 공화국의 근간을 흔드는 일이기에 엄격한 처벌이 필요한 것이다.

딥페이크를 통한 허위 조작 정보 유포는 유권자의 판단력을 심각하게 훼손하고, 선거의 신뢰와 민주주의 기반을 무너뜨릴 수 있으므로 화폐위조죄에 준하는 중대 범죄로 강하게 처벌해야 한다. 단순 허위사실공표죄보다 훨씬 높은 법정형을 적용하고, 당선 무효 · 피선거권 박탈 등 실질적 제재를 도입한다. 딥페이크가 민주주의의 근간을 흔드는 범죄라는 인식을 확산하고, 중대 범죄화할 필요성은 최근 학계와 언론에서 거듭 강조되고 있다(김명주, 2024; 조원용, 2022; 허순철, 2022).

참고문헌

강병수(2019.8.5). "'병풍사건' 김대업 3년 만에 국내 송환…남부구치소 수감". 《KBS 뉴스》. https://news.kbs.co.kr/news/pc/view/view.do?ncd=4256610

김명주(2024). "선거 속 딥페이크, 그 실태와 윤리". 《관훈저널》, 171, 115~123쪽.

김승현(2021.6.23). "이명박 BBK 파일, 김대업 兵風 사건… 대선때면 X파일 판쳐". 《조선일보》. https://www.chosun.com/politics/assembly/2021/06/23/WDR2KICBWBHTBCZWKKCRLKKBRM/

김영일(2023.7.7). "[집중분석]민주당 '공작·조작'의 부끄러운 정치사(政治史)". 《더퍼블릭》.

https://www.thepublic.kr/news/articleView.html?idxno=107563
김유향(2019). "딥페이크(Deepfake)의 발전과 해외 법제도 대응". https://www.nars.go.kr/report/view.do?categoryId=&cmsCode=CM0043&searchType=NM&searchKeyword=%EA%B9%80%EC%9C%A0%ED%96%A5&brdSeq=26214
김정호(2020). "데이터 기반 딥페이크 탐지기법에 관한 최신 기술 동향 조사". 《정보과학회논문지》, 30(5), 1~15쪽.
김희정(2024.10.13). "딥페이크 기술을 이용한 신종범죄에 대한 법정책적 시사점". 《서강법률논총》, 13(3), 97~128쪽.
노은정(2024). 《딥페이크 관련 국내외 규제 현황 및 분석》. 정보통신정책연구원.
박주일 (2020). "딥페이크 기술의 발전과 저널리즘의 새로운 위협 - 이미지공정성 확보를 위한 영상 팩트체크 필요성". 《언론중재》, 156, 52~69쪽.
윤진완(2025). "딥페이크 악용 범죄 대응책 - 인공지능 활용의 윤리적 딜레마와 법적, 기술적 과제". 《KHU 글로벌 기업법무 리뷰》, 18(1), 107~149쪽.
정연비 외(2024). "플랫폼 차원 딥페이크 영상 탐지 및 차단 서비스 UX 프로토타입 연구 - 기술, 윤리, 법적 고찰 중심으로". 《정보통신공학회논문지》, 30~34쪽.
조원용(2022). "공직선거에서 딥페이크(Deepfake) 악용에 대한 입법적 대응의 필요성 – 후보자의 정체성 정의와 미국 입법 사례를 중심으로 –". 《공법연구》, 50(3), 153~187쪽.
최진응(2022). 《인공지능(AI) 기술 기반 딥페이크 선거운동의 해외 입법동향과 시사점》. 국회입법조사처.
허순철(2022). "유튜브 딥페이크(deepfake) 영상과 허위사실공표". 《미디어와 인격권》, 8(1), 1~47쪽.
홍지호(2023.9.5). "여권이 소환한 '김대업 병풍 사건'이란?".

https://www.mbn.co.kr/news/society/4960281

08
AI와 선거 관리

AI의 발전은 공직 선거 과정에서 정당, 후보자, 유권자 이외에 공직 선거 관리에도 영향을 미칠 것이 자명하다. 후보자 등록 과정과 공직선거법 위반 행위 탐색 그리고 선거 후 회계에 이르기까지 선거 관리 과정 전반에 걸쳐 영향을 미칠 수 있다. 구체적인 사례를 들어 이를 예측해 본다.

AI와 한의학?

후보자 등록 과정에서의 AI 활용

공직 선거 관리 과정에서 AI는 AI 기반 문서 자동화, 신원 · 자격 검증, 서류 누락 · 오류 탐지, 후보자 정보 자동 입력 및 검증 시스템 도입에 활용될 수 있다.

미국에서 AI를 활용한 후보자 등록 서류의 자동 검증 및 중복 · 오류 탐지 시스템을 시범 도입한 사례는 주로 캘리포니아, 텍사스 등 대형 주의 선거관리위원회에서 보고되고 있다. 대표적으로 캘리포니아주 선거관리위원회는 2023년부터 AI 기반 문서 분석 시스템을 도입해 후보자 등록 서류의 누락 · 오류 · 중복 제출을 자동으로 탐지하는 시범 사업을 진행했다. 이 시스템은 AI가 서류 내 기재된 이름, 주소, 신분증 번호, 서명 등 필수 항목을 자동 추출 · 대조하고, 기존 데이터베이스와 비교해 중복 등록이나 허위 기재 여부를 판별한다. 또한, 텍사스, 플로리다 등 일부 주 선관위가 AI를 활용해 후보자 등록, 유권자 등록, 서명 검증 등 행정 절차의 자동화와 오류 감축을 추진 중이다.

인도 선거위원회는 세계 최대 규모의 선거를 관리하며, AI 기반 OCR(Optical Character Recognition, 광학 문자 인식)과 신원 확인 알고리즘을 후보자 등록 서류 자동화 및 위조 방지에 적극 적용하고 있는데 후보자가 제출한 각종 등록 서류(신분증, 주소 증명, 학력 증명 등)와 사진, 서명을 AI 기반 OCR 시스템이 자동으로 스캔 · 디지털화한다. OCR은 문서 내 텍스트와 이미지를 인식해 데이터베이스에 자동 입력하고, 서명 · 사진 등 이미지 정보도 자동 추출한다. 또한 AI는 OCR로 추출한 신분증 번호, 이름, 생년월일, 지문 등 정보를 선거인 명부 및 정부 데이터베이스와 자동 대조한다. 이를 통해 중복 등록, 위조 신분증, 허위 정보 제출 여부를 실시간으로 판별한다. 예를 들어, 동일한 지문이나 얼굴 사진이 여러 등록 서류에서 발견되면 AI가 즉시 경고를 띄우고 담당자가 추가 확인을 하도록 한다. AI는 서류 내 서명, 사진, 도장 등 이미지의 진위 여부를 분석해 위조 가능성이 있는 경우, 자동으로 플래그를 표시하고 위조 의심 서류는 담당자에게 자동 알림이 전송되어 수동 검증이 병행된다. 이러한 자동화 시스템 도입으로 수작업 대비 서류 처리 속도가 대폭 빨라지고, 위조 · 중복 · 오류 탐지 정확도가 크게 향상됐다. 위조 서류, 허위 등록 등 부정행위가 실시간으로 탐지되어 선거의 신뢰성이 높아졌으며, 다양한 언어 · 지역에서도 일관된 후보자 등록 · 신원 확인 관리가 가능해졌다.

우리 공직 선거 중 국회 의원 선거를 예를 들면 후보자 등록 과정만 해도 엄청난 양의 서류가 필요함을 알 수 있다. 선거일 현재 당해 선거의 피선거권이 있는 자로서 선거일 120일 전부터 관할 선거구위원회에 등록하는 예비 후보자 제도를 인정하고 있으며 가족관계증명서, 해당자의 경우 사직원 접수증 또는 해임 증명 서류, 전과 기록 증명에 관한 제출서, 정규 학력 증명에 관한 제출서, 예비 후보자의 인영 신고서, 기탁금 무통장 입금증, 해당자의 경우 장애인 증명 서류, 사진, 범죄 경력 회보서 등을 제출해야 한다. 예비 후보자의 경우, 형식적 요건 구비 시 심사 조서와 등록 서류를 첨부하여 사무국과장 전결로 수리한다. 이후 해당 선거구를 관할로 하는 검찰청장에게 의뢰하여 피선거권 및 전과 기록을 확인하고, 매월 말일 및 후보자 등록 개시 3일 전을 기준으로 해당 월에 등록된 예비 후보자의 당적 보유 여부를 시 · 도위원회가 정당에 조회하고(등록된 예비 후보자수에 따라 조회 주기 조정 가능), 선거관리시스템 검색을 통해 예비 후보자가 최근에 실시한 비례대표지방의원선거의 후보자 명부에 등재되었는지 확인한다.

후보자 등록 시, 정당 후보자는 정당의 후보자 추천서를 제출하고, 무소속 후보자의 경우에는 선거권자의 후보자 추천장을 제출해야 한다. 이때 추천서의 검인 · 교부 상황을 검인 · 교부대장에 기록 · 관리한다. 추천자 중 관할 구역 외에 주민 등록이 된 자, 선거일 현재 만 18세 미만인 자, 손도장을 찍은 자, 서명 또는 날인을 하지 않았거나 타인의 서명 또는 도장을 날인한 자(서명 또는 도장을 식별하기 불가능한 경우 포함), 중복 추천자(한 후보자의 추천장에 동일인이 2회 이상 추천한 경우), 그 밖에 선거권이 없는 자 등으로 나누어 후보자 추천장 심사 표를 작성한다. 이렇게 정당 추천 후보자의 경우 후보자 추천서를, 무소속 후보자의 경우 후보자 추천장을 받고 공직 선거 후보자 재산 신고서, 공직 선거 후보자 병역 사항 신고서, 세금 납부 및 체납 증명에 관한 신고서, 정규 학력 증명에 관한 제출서, 공직 선거 후보자 등록 경력 증명서, 후보자 인영 신고서, 경력 방송 원고 제출서 등을 제출한다. 이후 해당 위원회에 상정하여 수리한다. 병무청, 국세청, 교육 기관 등의 필요 서류를 AI를 통해 등록하고 검증할 수 있도록 한다면 후보자 등록 절차부터 훨씬 효율적으로 관리가 가능할 것이다.

공직선거법 위반 행위에 AI 활용

2025년 현재 중앙선거관리위원회는 생성형 AI를 활용한 딥페이크, 허위 정보, 비방 게시물 등 선거법 위반 게시물을 자동으로 탐지·분석하고, 위법 게시물의 확산을 신속히 차단하는 시스템을 운영 중이다. 선관위는 '허위사실공표·비방 특별대응팀'을 설치해 중앙과 시도 단위에서 온라인 위법 게시물을 상시 모니터링하고, 위반 혐의가 있는 게시물을 발견하면 포털 사이트 등에 신속히 삭제를 요청하고 있다. 딥페이크 영상과 이미지 등은 시청각적 탐지, 프로그램 감별, AI 전문가 감별 등 3단계로 감별되며, 국립과학수사연구원과 한국전자기술연구원이 공동 개발한 감별 도구 등이 활용된다(중앙선거관리위원회, 2024.4.23). 중앙선거관리위원회가 딥페이크 등 위법 게시물의 판별 정확성을 높이기 위해 도입한 감별 도구는 국립과학수사연구원(NFS)과 한국전자기술연구원(KETI)이 공동 개발한 AI 기반 프로그램이다(최평천, 2025).

이 감별 도구는 선거법 위반 의심 게시물에 대해 3단계 감별 체계 중 두 번째 단계인 '프로그램 감별'에서 핵심적으로 활용된다(최평천, 2025). 먼저, 시청각적 탐지 단계에서 사람이 영상이나 이미지를 1차로 확인한 뒤, 프로그램 감별 단계에서 AI가 영상·이미지의 메타데이터, 프레임 변조 흔적, 합성 패턴, 음성 변조 등 기술적 요소를 분석해 딥페이크 여부를 자동 판별한다. 이 과정에서 AI는 실제 영상과 합성 영상의 픽셀 분포, 압축률, 프레임 간 불일치, 음성의 파형 특이점 등 다양한 디지털 신호를 종합적으로 분석한다. 특히 이 도구는 최신 딥러닝 기반 영상·음성 합성 탐지 알고리즘을 적용해, 기존 수작업 판별보다 훨씬 빠르고 정확하게 위법 게시물을 걸러 낼 수 있다. 프로그램 감별에서 딥페이크 의심 판정이 나오면, 마지막 단계인 AI 전문가 감별에서 해당 게시물을 추가로 정밀 분석해 최종적으로 위법 여부를 확정한다(최평천, 2025).

중앙선거관리위원회가 삭제를 요청한 딥페이크 영상물 건수는 지난해 총선 당시보다 13배 증가했다(신재희·이서현, 2025.5.22).

실제로 2025년 4월, 중앙선관위는 AI로 제작된 딥페이크 영상을 유포한 유튜버 3명을 공직선거법 위반 혐의로 고발했는데, 이들은 특정 대선 후보가 유치장에 갇혀 있거나 수의를 입고 있는 등 허위·비방 딥페이크 영상을 제작해 각종 SNS와 유튜브에 유포한 것으로 확인됐다(신재희·이서현, 2025.5.22). 이처럼 AI는 공직선거법 위반에 관해서도 실시간으로 효율적 활용이 가능하다.

중복 투표 및 대리 투표 사례에 경우 AI를 활용해 적극적으로 대응할 수도 있다. AI는 투표 기록, 신원 정보, CCTV 영상 등 다양한 데이터를 분석해 동일 인물이 여러 번 투표를 시도하는 중복 투표나 타인의 신분증을 이용한 대리 투표를 탐지할 수 있다. 실제로 2025년 제21대 대통령 선거 사전 투표일에 서울 강남구에서는 선거 사무원이 남편 신분증으로 대리 투표를 시도하다 적발된 사례가 있었는데, 이런 부정행위 탐지에도 AI가 활용될 수 있을 것이다.

선거 후 회계 보고에 AI 활용

후보자(정당 또는 선거사무소 포함)는 선거가 끝난 후 정치 자금 수입 · 지출 내역, 선거 비용 집계 표, 증빙 서류(영수증, 통장 사본 등) 등 관련 서류를 정해진 기한(선거일 후 30일 이내)에 관할 선거관리위원회에 제출해야 한다. 선관위는 제출된 서류의 누락, 형식적 요건 충족 여부를 1차로 확인하고, 선관위 회계 담당자는 제출된 회계 보고서의 각 항목별 수입 · 지출 내역이 정치자금법, 공직선거법 등 관련 법령에 부합하는지 심사하게 된다. 주요 심사 항목에는 기부 · 지출 한도 준수, 정치자금의 적법한 수입 · 지출, 영수증 등 증빙 서류의 적정성, 허위 기재 여부, 기탁금 반환 요건 등이 포함되고 필요 시 후보자 또는 회계 책임자에게 보완 서류 제출을 요구하거나 의심 내역에 대해 추가 소명을 요구하기도 하고, 선거 비용 사용 내역의 진위 확인을 위해 현장 실사(영수증 상의 업체 방문, 물품 실물 확인 등)나 실사 보조 요원을 통한 자료 검증을 실시할 수도 있다.

대단히 복잡한 서류를 시군구 선관위 회계 담당 주무관 1～2명이 처리하게 되는데 여기에 AI를 도입하면 다음과 같은 효과를 거둘 수 있을 걸로 예상된다. 첫째, 서류 자동 분류 및 데이터 추출에 활용할 수 있을 것이다. AI 기반 OCR로 제출된 영수증, 통장 사본, 각종 증빙 서류에서 텍스트・숫자・이미지를 자동 추출하여 전산화하고, 다양한 양식과 필체, 이미지 품질 차이에도 AI가 자동으로 문서 유형을 분류하고, 필수 정보(금액, 일자, 업체명 등)를 빠짐없이 인식하는 데 쓸 수 있을 것이다.

둘째, AI가 회계 보고서와 증빙 자료를 대조해 항목별 누락, 중복, 비정상 패턴(예: 동일 영수증 반복 사용, 불일치 금액 등)을 자동 탐지하고, 과거 선거 회계 자료와 비교해 비정상적 지출 패턴이나 이례적 수입・지출을 실시간으로 담당자에게 보고할 수 있을 것이다.

셋째, AI가 정치자금법, 공직선거법 등 관련 법령을 학습해, 각 항목별 한도 초과, 금지 항목 지출, 허위 기재 등 위법 가능성을 자동 판별하는 데 활용될 수 있다. 또한 공직선거법과 정치자금법 등이 개정될 경우, 최신 규정에 맞춰 심사 기준을 자동 업데이트할 수 있을 것이다.

또한 대규모 회계 자료를 분석해, '쪼개기 후원', '허위 영수증', '비정상적 업체 반복 거래' 등 위법 가능성이 높은 이상 징후를 자동으로 분류하여 우선순위를 정할 수도 있다. 머신 러닝(Machine Learning, 기계 학습) 기반 이상 탐지 모델을 활용해 과거 적발 사례와 유사한 패턴을 실시간으로 후보자에게 경고할 수도 있을 것이다. 현장 실사 대상 업체 · 거래 · 증빙을 자동 추천해 실사 인력의 효율적 배치와 집중 조사도 할 수 있다. 실사 과정에서 수집된 사진 · 음성 · 위치 데이터도 자동 분석해 현장 조작이나 허위 제출 가능성을 판별하는 데도 활용 가능할 것이다.

참고문헌

노선웅·강수련(2024.1.29). "오늘부터 AI 딥페이크 선거운동 금지…선관위, 62명 전담반 운영". 《뉴스1》. https://www.news1.kr/politics/assembly/5304802

신재희·이서현(2025.5.22). "대선 앞두고 특정 후보 비방 '딥페이크 영상물' 급증". 《국민일보》. https://www.kmib.co.kr/article/view.asp?arcid=17479036

14

중앙선거관리위원회(2025.4.23). “‘생성형AI딥페이크’ 유행 속 선거법 위반 주의 당부”. . https://img.nec.go.kr/cmm/dozen/view.do?cbIdx=1090&bcIdx=275312&fileNo=2

최평천(2025.4.23). “선관위, ‘AI딥페이크 특별대응팀’ 가동…가짜 이미지·영상 단속”. 《연합뉴스》. https://www.yna.co.kr/view/AKR20250423155900001

09
AI와 외국의 선거 개입

선거는 국민 주권의 실현 수단으로 국가 내부의 문제다. AI가 발전함에 따라 타국의 선거에 개입하려는 시도가 이루어지고 있다. 지금까지 외국이 선거에 개입한 사례를 살펴보고 그 문제점과 위험성을 살핀다.

AI와 화장품?

AI를 악용한 외국의 선거 개입 사례

선거는 이제 주권 국가 내부의 문제가 아니다. 선거에서 많은 외신들은 인공지능을 이용한 허위 조작 정보(disinformation)와 외국의 선거 개입과 방해 등으로 민주주의가 위협받을 것으로 예상하고 있다(임성학, 2024).

대표적인 예가 2016년 미국 대선에서 러시아가 인공지능과 자동화된 봇, 가짜 뉴스 생성기 등을 활용해 여론을 조작하고, 특정 후보에게 유리한 분위기를 조성했던 사건이다. 당시 러시아 정부와 연계된 '인터넷 리서치 에이전시(IRA, Internet Research Agency)'는 페이스북, 트위터, 인스타그램 등에서 자동화된 AI 봇과 알고리즘을 활용해 수백만 건의 메시지를 유포했다. 이 메시지는 미국 내 사회 갈등을 부추기고, 특정 후보에 대한 부정적 인식을 확산시키는 데 활용됐다. 당시 IRA는 수천 개의 소셜 미디어 계정을 만들어 친트럼프 · 반클린턴 허위 정보와 가짜 뉴스를 대량 유포했다. 이들은 미국 내 사회 갈등을 부추기고, 특정 후보에 대한 부정적 인식을 조장하는 데 AI 기반 자동화 시스템을 적극적으로 활용했다. 이들은 미국인으로 위장해서 사회 갈등을 부추겼으며 가공된 기사와 정보는 러시아 정부가 통제하는 미디어에서 확산되어 소셜 미디어에서 홍보됐다. IRA는 페이스북, 트위터, 인스타그램, 유튜브, 텀블러(Tumblr) 등 다양한 플랫폼에서 활동했다. 이들은 총기 소지, 이민 문제 등 미국 내 논쟁적 이슈를 부각시켜 보수층 유권자들을 트럼프 후보 지지로 유도했다. 동시에 진보적 유권자, 여성, 무슬림, 중남미계 유권자에게는 정치권에 대한 불신을 조장하고 투표를 포기하도록 유도하는 메시지를 퍼뜨렸다.

IRA는 투표 참여 방법에 대한 잘못된 정보를 퍼뜨리는 등 유권자들을 오도했으며, 선거 캠페인 기간에는 미국인 100명 이상의 명의를 도용해 소셜 미디어 계정을 운영했다. 이들은 한 달에 최대 125만 달러의 예산을 운용하며 정치 광고에도 막대한 자금을 투입했다. 이러한 활동은 미국 정보기관과 의회의 강력한 조사를 촉발했으며, 러시아 관련 계정과 페이지는 페이스북, 트위터 등에서 대거 삭제됐다.

중국 역시 '드래곤브리지(DragonBridge)', '스패모플라주(Spamouflage)' 등으로 알려진 허위 계정 네트워크를 동원해, 여러 플랫폼에 걸쳐 선전 활동과 정보 유통을 벌이고 있다(최계영, 2024). 중국 정부와 연계된 허위 계정 네트워크는 수천수만 개의 가짜 계정, 페이지, 그룹을 조직적으로 만들어 외국의 선거와 여론에 개입하고 있다.

이 네트워크들은 트위터, 페이스북, 유튜브, 틱톡 등 주요 글로벌 플랫폼에서 활동하며, 특정 국가의 선거를 앞두고 정치적 논란을 부추기거나 특정 후보·정책에 대한 허위 정보와 선전물을 대량 유포한다. 예를 들어, 드래곤브리지는 미국, 캐나다, 호주, 대만 등에서 선거 직전 특정 후보를 비방하거나 사회적 분열을 조장하는 콘텐츠를 집중적으로 퍼뜨렸다. 이들은 현지 언어로 작성된 게시물, 합성 이미지, 영상 등을 활용해 현지인 행세를 하며 여론을 조작한다.

스패모플라주는 AI와 자동화된 계정을 활용해 동일한 메시지를 반복적으로 퍼뜨리고, 해시태그 조작, 댓글 폭탄 등으로 온라인 담론을 왜곡한다. 특히 대만, 홍콩, 동남아 국가의 선거에서 친중 성향 후보를 지지하거나 반중 세력을 공격하는 데 집중했다. 이러한 네트워크는 단순히 허위 정보를 퍼뜨리는 데 그치지 않고, 현지 사회의 갈등과 불신을 증폭시키는 방향으로 여론을 조작해 선거 결과에 영향을 미치려 한다는 점에서 국제 사회가 심각하게 경계하고 있다. 이처럼 AI는 국가 간 정보전의 핵심 무기로 자리 잡았다.

이후에도 AI 기반 선거 개입은 세계 곳곳에서 발견되고 있다. 2017년 프랑스 대선에서는 '마크롱리크스(MacronLeaks)' 사건이 발생했다. 당시 AI로 생성된 가짜 이메일과 문서가 소셜 미디어에 대량 유포되었고, 자동화된 계정들이 이를 확산시켰다.

2017년 프랑스 대통령 선거에서 외국, 특히 러시아의 개입 시도가 실제로 발생했다.

프랑스 정부와 정보 당국은 러시아와 연계된 해킹 그룹(폰 스톰, Fancy Bear, APT28 등)이 당시 중도 성향의 에마뉘엘 마크롱(Emmanuel Macron) 후보 캠프를 집중적으로 사이버 공격했다고 공식 발표했다. 이 해커들은 마크롱 캠프의 이메일 계정과 내부 자료를 피싱(phishing), 해킹을 통해 탈취했고, 선거 직전 대량의 내부 문서와 이메일('마크롱리크스')을 온라인에 유출했다. 이 과정에서 4개 이상의 가짜 피싱 이메일 계정이 동원되었고, 최소 5개 메일 박스가 해킹을 당했다.

프랑스 당국은 이 해킹 공격의 소스와 수법이 2016년 미국 대선 때 러시아가 사용한 것과 유사하다고 밝혔다. 또한, 러시아는 극우 정당 국민전선(FN, Front National)의 마린 르펜(Marine Le Pen) 후보 등 친러 성향 후보를 비공식적으로 지원했다는 의혹도 제기됐다.

프랑스 정부는 선거 개입을 '주권 침해'로 규정하고, 2600명 규모의 사이버 사령부를 동원해 적극적으로 대응했다. 선거 10일 전에는 페이스북과 협력해 3만 개 이상의 허위 계정을 차단했고, 실제로는 7만 개 이상의 가짜 계정이 적발되었다. 해킹 사실이 확인되자 프랑스 사법 집행 기관은 즉각 공개수사에 착수했고, 수사 과정의 투명성을 확보했다.

프랑스 정치권에서는 러시아가 극우 후보를 지원하고, 마크롱 후보에 대한 흑색선전과 가짜 뉴스 유포, 사이버 공격을 반복했다고 지적했다. 이 사건 이후 프랑스는 선거 보안과 허위 정보 대응을 대폭 강화했다.

2019년 영국 총선, 2020년 대만 총통 선거, 2022년 브라질 대선 등에서도 AI와 봇을 활용한 외국의 정보 조작 시도가 보고됐다. 영국 총선을 앞두고 온라인 공간에서는 AI와 자동화된 계정(봇), 조작된 동영상, 진위를 확인하기 어려운 정보가 대량으로 유통되었다. 특정 정당의 은밀한 지지 세력, 외국 공작원, 심지어 정당이나 후보들까지도 정보 왜곡에 가담해 정체를 속인 계정, 조작된 동영상, 의심스러운 웹사이트, 해외 세력의 개입 정황 등이 확인됐다. 예를 들어, 집권 보수당은 야당인 노동당 의원이 브렉시트(Brexit) 정책에 답변하지 못하는 것처럼 보이도록 조작된 영상을 유포했다가 논란 끝에 사과하기도 했다. 이런 정보 조작은 사회적 신뢰를 훼손하고, 선거의 공정성을 위협하는 요인으로 지적된다.

또한 2024년 영국 총선을 앞두고도 AI로 생성된 가짜 뉴스 영상이 틱톡 등에서 젊은 유권자들에게 추천되는 등 각 정당 대표가 등장하는 가짜 AI 영상, 인신공격성 영상, 조작된 정치적 메시지가 수십만 조회 수를 기록하며 확산됐다. 특히 리시 수낵(Rishi Sunak) 총리가 조기 총선을 발표하는 배경에 대형 스캔들이 있다는 내용이나, 그가 직접 말한 것처럼 보이게 조작된 AI 영상 등이 유포됐다.

2020년 대만 총통 선거에서는 중국발로 추정되는 AI 기반의 자동화 계정(봇)과 딥페이크 기술이 적극적으로 활용됐는데 중국은 대만 내 친중 여론을 조성하고, 차이잉원(蔡英文) 후보에 대한 허위 정보와 가짜 뉴스를 대량 유포했다. 대표적으로 중국계 허위 계정 네트워크가 페이스북, 트위터 등에서 대만 독립 반대, 차이잉원 비방, 국민당 후보 지지 등 메시지를 자동으로 반복 확산시켰다. 딥페이크 기술을 이용해 차이잉원 대통령의 발언을 조작하거나 허위 동영상을 만들어 유포하는 사례도 보고됐다(송성환, 2025.5.7). 이러한 정보 조작은 대만 사회 내 불신과 갈등을 증폭시키고, 선거 결과에 영향을 미치려는 시도로 평가할 수 있다.

2022년 브라질 대선에서는 AI와 봇이 허위 정보 확산의 핵심 도구로 활용됐다. 자이르 보우소나루(Jair Bolsonaro), 룰라 다 시우바(Luiz Inácio Lula da Silva) 양대 후보 진영 모두 자동화된 계정을 통해 상대 후보에 대한 가짜 뉴스, 조작된 영상, 왜곡된 여론 조사 결과 등을 대량 유포했다. 특히 유튜브, 왓츠앱(WhatsApp), 페이스북 등에서 AI가 생성한 가짜 영상과 합성 이미지, 자동 번역된 허위 뉴스가 확산됐고, 이 과정에서 외국발 계정이 여론을 선동하는 데 가담한 정황이 다수 포착됐다(송성환, 2025.5.7).

새로운 형태의 전쟁 양상과 각국의 대응

21세기 들어 정보 통신 기술의 비약적 발전과 함께 AI 기술이 급속도로 진화하면서 현대전의 양상은 물리적 영역을 넘어 인지적, 심리적 영역으로 확장되고 있고, 특히 군사 심리전의 방법론과 영향력을 획기적으로 변화시키고 있다(김지연, 2025). 예를 들어, AI는 SNS 데이터를 분석해 특정 집단의 불만, 분열, 불신을 자극하는 콘텐츠를 자동으로 제작하고, 이를 봇 네트워크를 통해 확산시

킨다. 이 과정에서 딥페이크 영상, 합성 음성 등 첨단 AI 기술이 동원된다(박상현, 2024.2.8). 특히 딥페이크는 정치인이나 후보자의 음성·영상을 조작해 허위 정보를 퍼뜨리는 데 악용된다.

2024년 미국 대선에서는 AI로 생성된 바이든 대통령의 가짜 음성 메시지가 확산되어 논란이 되었다(박상현, 2024.2.8). 2024년 1월, 미국 뉴햄프셔주에서 민주당 프라이머리(Primary, 예비 경선)를 앞두고, 유권자 약 2만 5000명에게 바이든 대통령의 목소리를 흉내 낸 자동 녹음 전화[로보콜(robocall)]가 발송됐다. 이 메시지는 "이번 화요일에 투표하지 마세요. 그것은 도널드 트럼프를 도울 뿐입니다. 11월 본선을 위해 표를 아끼세요" 등 실제 바이든 대통령이 한 적 없는 발언을 그의 말투로 전달하며, 경선 투표를 포기하도록 유도하는 내용이었다. 이 가짜 음성은 생성형 인공지능 기술로 제작되었으며, 미국 정치 컨설턴트 스티브 크레이머(Steve Kramer)가 이를 기획한 것으로 드러났다. 미국 연방통신위원회는 크레이머에게 600만 달러(우리 돈으로 약 82억 원)의 벌금을 부과했고, 사법 당국은 뇌물 수수·협박 등 5개 혐의로 그를 재판에 넘겼다.

이 사건은 미국 대선에서 AI 딥페이크가 실제로 투표

행위에 영향을 미치려 시도된 첫 사례로, 미국 사회에 AI 기반 선거 허위 정보의 위험성을 경고하는 계기가 됐다. 미국 정부와 각 주 선거 당국은 이후 AI 딥페이크 규제와 모니터링을 강화하고 있다. 이처럼 AI는 단순한 정보 조작을 넘어, 유권자의 감정과 심리를 정교하게 겨냥하는 심리전의 핵심 도구가 되고 있다.

AI를 활용한 외국의 선거 개입이 심각한 위협으로 부상하면서, 국제 사회는 다양한 대응 방안을 모색하고 있다(이상우, 2023). 유럽연합은 2024년 '디지털서비스법(DSA. Digital Services Act)'과 'AI법(AI Act)'을 도입해 플랫폼 사업자에게 AI 기반 허위 정보와 외국 개입에 대한 신속한 대응 의무를 부과했다(European Commission, 2024). 미국도 연방선거관리위원회와 사이버보안국을 통해 AI 기반 선거 개입 감시와 대응을 강화하고 있다.

또한 각국은 선거 기간 중 딥페이크 영상, AI 생성 콘텐츠의 명확한 표시 의무, 신속한 삭제 및 차단 조치, AI 봇의 투명성 강화 등 법적 · 기술적 규제를 도입하고 있다(이상우, 2023). 국제기구 차원에서도 유엔, 경제개발협력기구(OECD), G7(Group of 7) 등이 AI 기반 선거 개입 대응을 위한 국제 협력 방안을 논의 중이다.

국가 차원의 노력뿐만 아니라 1차적인 팩트 체크를 제

공하는 언론과, 대부분의 언론 기사의 검색 도구를 제공하는 국내 플랫폼 기업의 역할도 중요하다. 나아가 AI의 투명성과 설명 가능성을 높이고, 선거 과정에서 AI 활용의 윤리적 기준을 마련하는 노력이 필요하다.

인터넷을 통해 하나로 연결된 세계에서 외국의 타국 선거 개입은 주권 침해의 문제로 더 이상 묵과해서는 안 된다.

참고문헌

고륜형(2024.5.21). "6·3 대선, 선거에 활용되는 AI, 정치적 목적 따라 악용 가능성…". 《인천일보》. https://www.incheonilbo.com/news/articleView.html?idxno=1289780

김지연(2025). "AI 시대 군사 심리전의 잠재적 영향, 윤리적 검토 및 실현 가능성에 관한 연구". 《글로벌 융복합》. 2(1).

마리아나 스프링(2024.3.6). "AI가 생성한 '가짜 이미지'로 흑인 유권자 공략하는 트럼프 지지자들". 《BBC News 코리아》. https://www.bbc.com/korean/articles/c29wl2kp7nyo

박상현(2024.2.8). "AI 딥페이크, 2024 美대선 흔들다.". 《한겨레》. https://www.hani.co.kr/arti/international/america/1123456.html

박지현(2024). "현실화한 'AI 선거 개입'". 《월간조선》. http://monthly.chosun.com/client/news/viw.asp?ctcd=E&nNewsNumb=202403100036

송성환(2024.5.7). "세계 선거 흔드는 AI 조작…한국 대선은 괜찮나".

https://home.ebs.co.kr/ebsnews/menu1/newsAllView/60596731/H?eduNewsYn=N&newsFldDetlCd=TARGET_01

이상우(2023). "AI와 선거개입: 국제사회의 대응과 규범". 《국제정치논총》, 63~88쪽.

임성학(2024). "[가짜뉴스와 민주주의 시리즈] ④ 한국의 외국선거방해(Foreign Electoral Interference)에 대한 인식과 현황". https://www.eai.or.kr/new/ko/etc/search_view.asp?intSeq=22420&board=kor_workingpaper

최계영(2024). "허위정보 시대의 선거 개입과 인공지능". 정보통신정책연구원.

Goover(2025.5.21). "AI와 선거 공정성: 페이스북에서 딥페이크까지". https://seo.goover.ai/report/202505/go-public-report-ko-7ee64b09-52d8-4cfa-860b-3b9a71c6f3d1-0-0.html

LG Research(2024). "AI Elections Accord, 선거 딥 페이크 방지를 위해 모인 글로벌 기업들". https://www.lgresearch.ai/news/view?seq=417

European Commission(2024). The Digital Services Act and AI Act. https://digital-strategy.ec.europa.eu/en/policies/digital-services-act

10
선거 후 대의제에서 AI 역할

우리는 선거를 통해 대표자를 선출한다. 이렇게 선출된 대표자는 국민의 의사를 그대로 반영하는 기속위임이 아니라 자신을 선출해 준 국민의 의사에 반하더라도 공익과 국익을 발견하거나 결정할 수 있는 자유위임이라는 엄청난 권한을 얻는다. 국익은 눈에 보이지 않기에 발견하거나 결정되어야 한다. 선거 이후 대의제에서 대표자에 의해 활용될 AI의 양태와 한계를 살핀다.

종교와 AI?

대의제에서 AI의 명과 암

AI 기술이 고도화되며 정치와 입법, 공공 의사 결정 전반에 깊이 개입하는 시대가 도래했다. 그러나 민주주의의 근본 원리는 변하지 않는다. 국가의 주권은 국민에게 있고, 대의제 민주주의에서 공익의 발견과 결정 과정의 주체 역시 국민이다(백수원, 2023; 조원용, 2018; Marin, 2024). AI는 효율성과 편의, 정보의 다양성, 분석의 정밀성을 제공할 수 있지만 어디까지나 국민이 주권자로서 행사하는 대표제 민주주의의 보조적 도구로 기능해야 한다(Chenoweth, 2025; EPTA, 2024).

AI는 데이터 기반 정책 분석, 자동화된 행정 서비스, 시민 참여 플랫폼 등에서 정치의 효율성과 시민의 편의를 높이고 있다(Ash Center, 2025; IE University, 2024).

AI는 대량의 데이터와 의견을 분석해 사회적 문제를 조기에 감지하고, 다양한 정책 대안을 제시하며, 대표자들의 합리적 판단을 지원할 수 있다(Chenoweth, 2025; UNESCO, 2022).

AI4Democracy 프로젝트는 AI가 시민 의견의 실시간 분석, 정책 피드백 시스템, 복잡한 입법안의 요약 등에서 신속하고 투명한 의사 결정을 지원함을 보여 준다(IE University, 2024). AI4Democracy 프로젝트는 인공지능을 활용해 민주주의를 보호하고 강화하는 것을 목표로 하는 글로벌 연구 및 실천 이니셔티브다. 이 프로젝트는 스페인 IE대학교 산하 Center for the Governance of Change(CGC)가 주도하고, 마이크로소프트(Microsoft)가 전략적 파트너로 참여한다. AI4Democracy는 2023년 말 공식 출범했으며, Tech4Democracy(IE대와 미국 국무부, 마이크로소프트가 함께 추진한 민주주의-기술 연합 프로젝트)의 후속 사업이다(IE University, 2024).

AI는 입법 과정에서 공익의 발견과 결정에 기여할 수 있다. 대의제 국회에서 AI는 '공익의 발견'(사회 문제와 정책 대안의 객관적 탐색)과 '공익의 결정'(가치 충돌 속에서의 최종 선택)이라는 두 축에서 모두 보조적 역할을 할 수 있다(조원용, 2018). 만약 사람과 AI의 역할이 바뀌거나 AI에 사람이 종속된다면 그것은 국민 주권의 종말을 의미한다. AI가 입법 의제 선정, 중간 판단, 최종 결정까지 모두 맡게 되면 인간 주권이 침해될 위험이 크다(조원용, 2018; Marin, 2024).

AI의 알고리즘 편향성, 데이터의 역사적 불평등 반영, 프라이버시 침해, 감시 사회의 위험, 거버넌스의 불투명성 등은 민주주의의 핵심 가치에 대한 잠재적 위협으로 작동할 수 있다(Chenoweth, 2025; EPTA, 2024; Starke

& Lunich, 2020).

특히 AI가 정보의 중개자 또는 의사 결정의 자동화 도구로 남용될 경우, 시민의 자율성과 주체성이 약화되고, 정보 독점과 편향성, 인간 대표성의 형해화, 시민 참여의 배제 등의 문제로 이어질 수 있다(Giansiracusa, 2023; Howard, 2025).

민주주의는 사람을 위한 것이다. 국민의 자유롭고 평등한 정치 참여, 대표 선출, 감시와 통제, 책임 추궁은 대의제의 본질이다(백수원, 2023; EPTA, 2024). AI는 이 과정에서 정보를 제공하고, 정책 대안을 비교·분석하며, 시민 토론의 기반을 넓히는 '보조적 역할'만을 수행해야 한다(조원용, 2018; Marin, 2024).

국회 입법 과정에서 AI가 '중간 판단자'(조사 기관, 정책 평가 등)와 '최종 결정 주체'(국회 의원, 국민 투표 등) 모두에게 유용할 수 있지만, 공익의 최종 판단은 반드시 사람으로 구성된 대표자와 국민이 해야 한다(조원용, 2018).

AI가 민주주의에 긍정적으로 기여하려면 시민의 자기 결정권과 숙의, 공정한 정보 환경이 보장되어야 한다(Helbing et al., 2023; Marin, 2024).

AI는 복잡한 정책 정보를 요약하거나, 시민 참여 플랫폼에서 다양한 의견을 수렴하는 데 활용될 수 있으나, 최종 판단과 선택은 반드시 인간, 즉 국민과 그 대표에게 귀속되어야 한다(Chenoweth, 2025; Starke & Lunich, 2020).

AI가 전문가주의(Expert Rule)를 강화하거나 시민의 자기 결정권을 약화시키는 방향으로 작동할 경우, 민주주의의 핵심 원리가 훼손될 수 있다는 점을 지적하는 학계의 우려는 다수 존재한다(Giansiracusa, 2023; Howard, 2025).

또한 AI는 대의제하에서 소수자 · 취약 계층의 참여 확대, 다양한 의견의 수렴 등에서 긍정적 효과를 낼 수 있다. 그러나 AI가 과거의 차별적 데이터에 기반해 작동하면, 오히려 구조적 불평등과 차별을 강화할 위험이 있다(Chouldechova, 2017; Christian, 2020; EPTA, 2024).

대의제에서 AI의 위험성

AI는 정보의 생산 · 유통 · 소비 전 과정에 영향을 미치며, 딥페이크, 자동화된 봇, 알고리즘 추천 등으로 여론을 조작하거나, 허위 정보 확산에 악용되거나(Starke & Lunich, 2020; Howard, 2025), AI 기반 정치 광고, 선거운동, 가짜 뉴스 유포 등은 유권자의 자율적 판단과 선거의 공정성을 심각하게 위협할 수 있다(Chenoweth, 2025; Giansiracusa, 2023).

의회와 행정에서 AI가 입법안 요약, 정책 우선순위 결정, 시민 의견 분석 등에 활용될 때, 알고리즘의 투명성 · 책임성 · 공정성이 담보되지 않으면, 민주적 통제와 책임 추궁이 불가능해질 수 있다(IE University, 2024; Marin, 2024). 즉, 잘못된 정보의 제공과 결정의 책임 소재가 불분명해질 수 있다는 것이다. 반대로 선거를 통해 선출된 정치인의 잘못된 판단임에도 불구하고 그 책임을 AI로 돌리는 상황도 생각해 볼 수 있을 것이다. 결국 결정은 사람이 하는 것이고 AI는 그 결정에 보조적 역할만을 수행해야 한다.

이를 위해서는 몇 가지 전제 조건이 필요하다. 우선 선거로 선출된 정치인이 사용하는 AI의 의사 결정 과정, 알고리즘의 구조와 데이터 편향성을 공개해야 한다(EPTA, 2024; Howard, 2025; Marin, 2024).

설명 가능한 AI, 알고리즘 감사, 데이터 소스의 공개 등은 AI 시스템의 신뢰성과 책임성을 높이는 핵심 요소다(Chenoweth, 2025). 이것이 공개되어야 문제점을 고치고 책임 소재를 명확히 할 수 있다.

다음으로 AI의 오류나 부작용에 대해 인간이 최종 책

임을 지는 구조가 필요하다(Ash Center, 2025; IE University, 2024). 이것이 전제되지 않으면 사람은 아무도 책임지지 않고 AI에 모든 책임을 전가할 수 있다.

즉, AI가 내린 결정에 대해 명확한 책임 주체가 존재해야 하며, 문제가 발생했을 때 신속하게 시정할 수 있는 절차가 마련되어야 한다(Howard, 2025). 국민이 AI의 활용 범위와 한계를 결정하고, 감시 · 비판할 수 있는 제도적 장치가 마련되어야 한다(EPTA, 2024; Helbing et al., 2023).

AI 거버넌스 체계는 국민의 참여를 보장하고, AI가 민주적 통제 아래에서 운영되도록 해야 한다(Marin, 2024; Starke & Lunich, 2020). 또한, AI가 인간의 존엄성과 기본권을 침해하지 않도록 엄격한 윤리 · 법적 기준이 적용되어야 함은 물론이다(Giansiracusa, 2023; UNESCO, 2022).

공정성, 책임성, 투명성, 윤리 의식(FATE, Fairness, Accountability, Transparency, and Ethics) 등은 AI 개발과 운영의 기본 원칙이 되어야 하며, 국제적 협력과 표준화가 필수적이다(Center for AI and Digital Policy, 2025; IE University, 2024).

AI는 대의제의 보조에 머물러야

AI가 아무리 고도로 발전하더라도 국가의 주권은 국민에게 있고, 대의제 민주주의의 본질은 국민이 대표를 선출하고 감시하며, 공익의 발견과 결정에 주체적으로 참여하는 데 있다(백수원, 2023; 조원용, 2018; Marin, 2024).

AI는 국민 주권의 실현을 위한 보조적 도구로서 정보의 다양성, 정책 분석의 효율성, 시민 토론의 활성화 등을 지원할 수 있지만 주권자의 자리를 대신해서는 안 된다(Giansiracusa, 2023; Helbing et al., 2023; Starke & Lunich, 2020).

AI와 민주주의의 건강한 공존을 위해서는 투명성, 책임성, 참여와 통제, 윤리적 기준이 반드시 확보되어야 한다. 다시 강조하지만 AI는 국민의 주권 실현과 민주주의의 발전을 돕는 조력자일 뿐, 결코 주권의 주체가 될 수 없다(Chenoweth, 2025; EPTA, 2024).

AI 시대의 민주주의는 기술의 발전과 함께 새로운 기회와 도전을 동시에 맞이하고 있다. AI는 정책 결정과 공공 서비스의 효율성을 높이고, 시민 참여를 촉진하는 긍정적 역할을 수행할 수 있다.

그러나 민주주의의 본질적 가치는 국민 주권에 있으

며, AI는 어디까지나 국민의 의사 결정과 대표제 민주주의의 보조적 도구로 제한되어야 한다.

AI의 투명성, 책임성, 공정성, 윤리 의식이 제도적으로 보장될 때, AI는 민주주의의 발전에 기여할 수 있다. AI가 국민 주권을 대체하지 않도록 기술과 제도의 균형 잡힌 발전, 시민의 감시와 참여, 국제적 협력이 필수적이다.

이러한 원칙 아래, AI는 민주적 가치와 제도의 수호자이자 촉진자, 그리고 국민 주권 실현의 보조자로 자리매김해야 한다. 민주주의도 AI도 대의제도 다 인간을 위한 인류의 발명품이기 때문이다.

참고문헌

백수원(2023). "AI(인공지능)와 민주주의의 공생을 위한 헌법적 고찰". 《미국헌법연구》, 34(2), 71~107쪽.

조원용(2018). "대의제 국회 입법과정에서 인공지능(AI)의 역할: 공익의 '발견'과 '결정'을 중심으로". 《가천법학》, 11(3), 49~80쪽.

Aviram, H. et al.(2017). Felon Disenfranchisement and the Democratic Process. *Annual Review of Law and Social Science, 13*, pp.295~312.

Center for AI and Digital Policy(2025). "AIDV-2025: AI and Democratic Values". https://www.caidp.org/reports/aidv-2025/

Chenoweth, E.(2025). "How AI Can Support Democracy Movements". Harvard Kennedy School.

Cho, W. & Cain, B.(2020). Redistricting and Artificial Intelligence. *Election Law Journal, 19*(4), pp.331~344.

Chouldechova, A.(2017). Fair prediction with disparate impact: A study of bias in recidivism prediction instruments. *Big Data, 5*(2), pp.153~163.

Christian, B.(2020). *The Alignment Problem: Machine Learning and Human Values.* W. W. Norton & Company.

EPTA Network(2024). "Artificial Intelligence and Democracy". European Parliamentary Technology Assessment(EPTA)

Giansiracusa, J.(2023). *How Algorithms Create and Prevent Fake News: Exploring the Impacts of Social Media, Deepfakes, GPT-3, and More.* CRC Press.

Helbing, D. et al.(2023). Will Democracy Survive Artificial Intelligence?. Scientific American. https://www.scientificamerican.com/article/will-democracy-survive-big-data-and-artificial-intelligence/

Howard, P.(2025). Artificial Intelligence and Democracy: Pathway to Progress or Decline?. *Democracy and Security, 21*(1), pp.1~20.

IE University Center for the Governance of Change(2024). "AI TO PROTECT AND PROMOTE DEMOCRATIC GOVERNANCE: Democracy Reloaded.".

Marin, J.(2024). "Opportunities and challenges of AI-systems in political decision making". *Frontiers in Political Science*, 6, 1504520.

Starke, C. & Lunich, M.(2020). Artificial Intelligence for Political Decision-Making in the European Union: Promises and

Perils. *European View, 19*(2), pp.230~239.
UNESCO(2022). "Recommendation on the Ethics of Artificial Intelligence".

조원용

중앙선거관리위원회 선거연수원 전임교수다. 한양대학교 법과대학 법학과에서 학사·석사·박사 학위를 받았다. 국회 의원실 인턴부터 시작해 9급, 7급, 6급 비서관과 5급 선임비서관을 역임하며 실제 국회 입법 과정의 문제점을 목도하고 민주 공화국 대한민국의 국익을 위해 선출되는 대표가 국익보다 정당의 이익, 지역의 이익을 우선하는 상황에 의문을 품고 이를 규범학적으로 풀어내기 위해 박사학위를 시작했다. 학위 후 한양대학교 법학연구소 연구교수(조교수)를 거쳐 선거·정치 제도 연구·교육 기관인 중앙선거관리위원회 선거연수원 교수로 재직 중이다. 헌법학을 기반으로 경제학, 사회학, 인류학, 철학, 사학, 공학, 통계학 등 학제 간 연구를 새로운 관점에서 시도하고 있다. 연구자는 항상 '옳은 말'을 할 수 없기에 '다른 말'을 신선한 관점에서 학계에 쏟아 낸 결과 평생 단 한 번만 수상 가능한 신진학술상을 공법학계 양대 학회인 한국헌법학회(2018), 한국공법학회(2023)에서 모두 받았다. 세 자녀의 아버지로서 미래 세대의 피와 살을 가불해 표를 사는 여야 정치권의 후안무치한 행태에 경종을 울리는 다수의 논문을 KCI 우수등재지와 등재지에 게재하고 있다. 주 연구 분야는 선거·정치·정당 제도, 국가 정체성, 통치 구조, 권력 분립 그리고 (사유)재산권이다.